Biblioteca de Derecho Procesal

Marco de Cristofaro
(Director)

Carlos Antonio Agurto Gonzáles
Sonia Lidia Quequejana Mamani
Manuel Enrique Valverde Gonzáles
(Coordinadores Generales)

MAURO CAPPELLETT

El Proceso Civil en el Derecho Comparado

LAS GRANDES TENDENCIAS EVOLUTIVAS

Traducción de

Santiago SENTÍS MELENDO

Ediciones Olejnik

© Ediciones Olejnik
Huérfanos 611, Santiago-Chile
E-mail: contacto@edicionesolejnik.com
Web site: http://www.edicionesolejnik.com

ISBN: 978-956-392-031-4

Diseño de Carátula: Ena Zúñiga
Diagramación: Luis Sierra Cárdenas

Impreso en Argentina 2018 Printed in Argentina

Índice

Parte I
El principio dispositivo y sus principales manifestaciones

Presentación 11

§ 1. Dificultades inherentes al estudio del Proceso Civil en el Derecho Comparado 17
§ 2. Los medios para superar tales dificultades 20
§ 3. La matriz histórica común de los ordenamientos procesales de los países de la Europa continental 21
§ 4. Los principios fundamentales del Proceso Civil en el Derecho Comparado: el principio dispositivo 25
§ 5. (continuación) Las consecuencias procesales del carácter público o privado del derecho sustancial 27
§ 6. (Continuación). Las principales manifestaciones del principio dispositivo (el principio de la demanda: el principio de la excepción; ne eat judex ultra petita partium; el principio de la impugnación privada de la sentencia; el principio de la disponibilidad privada del proceso 29
§ 7. (Continuación). Conclusiones sobre el principio dispositivo: la contraposición entre los sistemas procesales del mundo "occidental" y los de la familia jurídica socialista 37

Parte II
Publicización, oralidad, socialización

§ 8. La publicización del Proceso Civil 43
§ 9. Conciliabilidad del principio dispositivo con el carácter público-indisponible del Derecho Procesal: planteamiento del problema 43

§ 10. El Proceso Civil como "sache der parteien" y el principio de la escritura: referencias históricas 44
§ 11. El movimiento doctrinal y legislativo a favor de la oralidad .. 48
§ 12. Proceso oral y función de la escritura en el proceso: la aproximación de la técnica procesal moderna en las tres familias de civil law, de common law y de derecho socialista .. 50
§ 13. Proceso oral y poderes judiciales de dirección y de control formal del proceso: oralidad y publicización 52
§ 14. Publicización del proceso y publicización de los hechos del proceso: solución del problema planteado en el § 9 supra .. 54
§ 15. Inquisitoriedad del proceso y examen de los testigos y de las partes por obra del juez o de los defensores 55
§ 16. Igualdad formal e igualdad sustancial de las partes en el proceso: la "democratización" o "socialización" del Proceso Civil y su relación con el principio dispositivo 57
§ 17. (Continuación). Analogía con los desarrollos del Proceso Civil socialista 61
§ 18. Iniciativas probatorias del juez e inquisitoriedad del proceso ... 63
§ 19. "Moralización" del Proceso Civil: el deber de verdad de las partes 64

Parte III

La libre valoración de las pruebas

§ 20. La oralidad y las pruebas; influencia del jurado sobre el sistema inglés de las pruebas 69
§ 21. El principio de la escritura y el sistema de la prueba legal en el derecho común 71
§ 22. Justificación histórica y carácter originariamente progresivo del sistema de la prueba legal en el derecho medieval 72
§ 23. El sistema de la prueba legal en las courts of common law: no reglas de valoración sino reglas de exclusión 75
§ 24. El hundimiento del sistema de la prueba legal en la Europa continental: la legislación de la Revolución francesa y el code de procédure civile 76
§ 25. Supresión del sistema de los reproches 81
§ 26. El hundimiento del sistema de las exclusionary rules en el Proceso Civil inglés y norteamericano: analogía con los movimientos de reforma de la Europa continental 84

§ 27. La libre valoración de las pruebas en la familia jurídica socialista: el principio de la verdad objetiva en la filosofía legal marxista-leninista 88
§ 28. Consideraciones retrospectivas sobre la valoración de las pruebas 92
§ 29. ¿Hacia una valoración "científica" de las pruebas? 94

Parte IV
Resultados y conclusiones de la investigación

§ 30. Síntesis de los resultados alcanzados en las partes precedentes 99
§ 31. Conclusiones finales 102

Bibliografía 103

PRESENTACIÓN

Estas líneas no son el prólogo de un trabajo, que no lo necesita ni lo exige. Son, apenas, unas notas tomadas a lo largo de la actividad de traducción, de corrección de pruebas, de confección de índices. Una forma de desahogo espiritual o, si se quiere, de compenetración con el estudio de CAPPELLETTI.

He traducido otros estudios de este autor: *Estudio del Derecho y tirocinio profesional; El valor de las sentencias y de las normas extranjeras en el Proceso Civil* y el volumen que reúne los dedicados a *La oralidad y la prueba.* Debiera haber traducido su obra cumbre *La testimonianza della parte nel sistema dell'oralità.* De las monografías breves, de los trabajos de revistas, en ninguno encontré tan acentuada la síntesis como en este que ofrezco hoy a los estudiosos. Si la comparación es obra de síntesis, su estudio tiene que ser forzosamente sintético.

La síntesis se ha producido al máximo. Tres familias jurídicas, pero no antagónicas sino integrando una comunidad humana, un mismo nivel y un mismo plano de civilización. Por eso, las interferencias son marcadas. Vamos a tratar de señalarlas.

Hoy no se puede estudiar Derecho Procesal ni otra alguna disciplina jurídica más que en forma comparada o comparatista. No se puede dejar de comparar; y la comparación -como nos dice CAPPELLETTI y como acabo de señalar- es obra de síntesis. Pero se compara y se sintetiza con mayor facilidad que en tiempos pasados porque el mundo se ha hecho cada vez más pequeño o más manejable. La comparación ya no es entre países o entre Códigos, sino entre familias; y éstas, a los efectos de nuestro estudio, sólo son tres. Tradicionalmente nos encontramos con dos sistemas: *civil law* y *common law*. Después surgirá, con dimensiones especiales, un tercer sistema o una tercera familia: la socialista. Pero, entiéndase bien: los sistemas o las familias no están representados -al menos principalmente- por Códigos o leyes sino por *justicias*. Y así, el resultado más extraordinario a que el trabajo de CAPPELLETTI conduce es que las diferencias entre las dos tradicionales familias se van atenuando o se van difuminando; pero después nos lleva a otro más asombroso, al destacarnos que en las dos Alemanias sigue rigiendo el mismo Código: la vieja *Zivilprozessordnung* sirve de instrumento en un país -o en una zona- de régimen socialista. Ante los dos fenómenos señalados por el autor, pensamos que la justicia no es una cuestión de leyes, sino de hombres. Si *common law* y *civil law* se aproximan, abandonan su antagonismo, esto no ocurre tanto en sus leyes como en el manejo de ellas por los hombres. Si el mismo Código sirve para las dos Alemanias, ello se ha de deber a que la *ZPO* no es tan burguesa como podría creerse o a que la justicia socialista no lo es tanto que le impida utilizar -sin modificación- instrumentos de creación burguesa; acaso a que la justicia es sustantiva y lo que se le añade, queriendo calificarla, son adjetivos. Cuestión de hombres, decimos, que nos explica fenómenos judiciales y científicos.

Así encontramos las censuras actuales de CAPPELLETTI, entre otros trabajos, en la conferencia en la Facultad de Derecho de México (puede leerse en el volumen sobre *La oralidad y la prueba*), al vigente Código italiano, el cual va precedido de una denominada "Relación Grandi" que no es raro ver atribuida a CALAMANDREI. ¿Es tan lamentable ese cuerpo legal como nuestro autor nos dice, o es lamentable la justicia que lo aplica? ¿Puede originar la Ley de Enjuiciamiento Civil española unos resultados tan deficientes como CAPPELLETTI supone en virtud de la forma en que las declaraciones de testigos y partes se reciben?

He visto que se habían eternizado durante años procesos civiles y penales en Italia; puedo decir, en cambio, que un simple R. D. modificó en España el ritmo, hasta 1924 lento, de los procesos civiles; y aquel R. D., que ha seguido vigente en los distintos regímenes políticos, acaso haya pasado inadvertido para estudiosos, en particular extranjeros; pero significó la implantación del impulso de oficio, en la letra de la ley y en la realidad práctica. ¿Y qué decir de los poderes, de las posibilidades de aclaración o clarificación de que el juez dispone? Esa "razón de sus dichos" de quienes declaran, esas "explicaciones" de quienes dictaminan pericialmente, permiten al juez llegar a un conocimiento de la cuestión litigiosa... si hace uso de sus poderes o facultades. Puedo dar fe de la eficacia práctica de tales disposiciones: una aclaración, una exposición de la razón de lo dicho, puede bastar para poner de manifiesto la mendacidad de un testigo, que no aparecía, de simples respuestas afirmativas o negativas. Al ser explicadas estas por quienes las habían emitido, e incurrirse entonces en terminantes contradicciones, la claridad surge en muchos procesos.

Es necesario que el juez haga uso de sus facultades. Y ello puede conseguirse de manera más sencilla en un sistema de oralidad. Pero la escritura no lo impide. Frente a la afirmación del principio de la oralidad y que de él derivan el de la inmediación y el de los poderes del juez, cabe decir que la oralidad no crea sino que facilita la inmediación; pero ésta tiene vida propia y hasta más importante que la de aquella. No me cansaré de repetir: soy inmediacionista antes, y preferentemente, que oralista. Un juez, en el sistema más escriturista de nuestra época, puede y debe tomar contacto personal con los otros sujetos del proceso. Lo que ocurre es que, según nuestros Códigos, lo hace por su voluntad. ¿Quién le impide a un juez que sea él quien interrogue a un testigo o a una parte: que dialogue, que converse? No solamente no se le puede impedir sino que, si no lo hace, está faltando a su deber. Y únicamente un Código como el que padecemos en Argentina, redactado con un sentido patológico, que niega la menor concesión a la comunicación oral y a la inmediación, puede decirle a un juez que sólo si lo piden las partes, con determinados requisitos, tiene él deber de asistir a las declaraciones. Afortunadamente, creo que, en ese sentido, es un Código único aunque múltiple.

CAPPELLETTI dedica una especial atención a la prueba legal. Ciertamente la merece; porque el concepto que yo vengo sosteniendo desde hace años, plantea y destaca el problema, pero acaso no lo resuelve. Yo digo: la prueba legal es un medio o un mecanismo de fijación de los hechos, de construcción de la premisa menor del inevitable silogismo en que -nos guste o no nos guste- se traduce toda sentencia; pero esa denominación "prueba legal" no es prueba. La prueba requiere, ineludiblemente, la libertad. Donde falta libertad, habrá sucedáneos de prueba; pero no habrá prueba.

Contemplamos la "penalización" del Proceso Civil; pero no olvidemos que también se da, en nuestra época, la "civilización" del proceso penal; porque no otra cosa significa la intensificación del sistema y del principio acusatorio, frente al inquisitorio. Así, los dos procesos, por muchos considerados antagónicos, se reducen a unidad y se confirma que el proceso es uno y único, porque el proceso, cualquier proceso, significa subsunción de un hecho bajo una norma o, con otra terminología o con otra visión, aplicación del derecho al hecho; en síntesis, construcción -como antes dije- de premisas mayor y menor, de las que surgirá una conclusión. Sentenciar es mucho más grave que silogizar -también nos lo dice el Maestro de Florencia- pero mientras las sentencias hayan de fundarse sólo se podrá sentenciar silogizando. El silogismo es la forma normal de la sentencia, y cuando no se lo formula explícitamente es porque se lo sobreentiende.

La publicización del proceso. Siempre ha sido derecho público de Derecho Procesal. Lo que ocurre es que acaso su carácter instrumental de una sustancia, del Derecho Civil, que se consideraba siempre privada (aunque a veces no lo sea: piénsese en el derecho de las personas), ocultaba la condición del instrumento. Hoy nadie discute, sobre todo, después de trabajos como el de Cappelletti, el carácter público del proceso y del Derecho Procesal. Lo que antes haya podido ocurrir, tómese como una manifestación de escribir en prosa sin saberlo.

Ofrezco con satisfacción este trabajo a nuestros estudiosos. Con otros, también de autores italianos, que aparecen al mismo tiempo, dedicados al estudio de la prueba, creo que se enriquece nuestra bibliografía procesal en la zona más interesante y menos procedimental de ella.

Santiago Sentís Melendo

Parte I

El principio dispositivo y sus principales manifestaciones

§ 1. Dificultades inherentes al estudio del Proceso Civil en el Derecho Comparado

Existen algunas graves dificultades de carácter objetivo que se presentan a quien quiere examinar, aunque sea a grandes rasgos, los actos característicos del Proceso Civil en el Derecho Comparado; dificultades que se hacen todavía mayores para quien quiere intentar una comparación no limitada a los países de una "familia jurídica" única, sino extendida a los sistemas de familias jurídicas diversas[1].

Una primera dificultad de carácter objetivo la ofrece la inexistencia de un Derecho Procesal Civil de la Europa Continental[2] que pueda contraponerse, como un todo unitario, al *common law procedure*. La contraposición *common law - civil law* es una abstracción que sólo aproximativamente trata de expresar una verdad. Desde luego que cada país europeo tiene un propio Derecho Procesal y un Código de Derecho Procesal. En Italia existen incluso tres sistemas de Derecho Procesal Civil, si se quiere tener presentes, junto al Código de Estado italiano, en vigor desde 1942, y modificado después de la guerra, también aquel, bien interesante y nada carente de originalidad, del Estado de la Ciudad del Vaticano (de 1946)[3] y el sistema procesal de la República de San Marino. En Suiza existen no menos de veinticinco

---

1 Sobre el concepto de "familia jurídica" cfr., por ejemplo, DAVID, R., *Les grands systèmes de droit contemporains (Droit comparé)*², Paris, 1966, pp. 14 y ss.

2 La misma bien conocida obra de ENGELMANN, A. y otros, *A History of Continental Civil Procedure,* translated and edited by R. W. Millar, Boston, 1927, es, en realidad, la historia del Proceso Civil en las varias naciones de Europa.

3 Sobre el cual véase BRULLIARD, G., "Le code de procédure civile de la Cité du Vatican", en *Actes du Congrès de Droit Canonique, Cinquentenaire de la Faculté de Droit Canonique,* Paris, 22-26 avril 1947, Paris, 1949, pp. 181-201. [La traducción a nuestro idioma de este Código, por Santiago Sentís Melendo, puede encontrarse en la *Revista de Derecho de Derecho Procesal* (Argentina)].

Códigos cantonales de procedimiento civil, promulgados en diversas épocas (a partir del siglo último) y todos bien distintos y más o menos diversos entre sí, además del Código de procedimiento civil federal de 1947. En Francia, el *Code de procédure civile* de 1806 que, al igual que el *Code Civil* o *Code Napoléon,* ha dejado sentir durante el siglo último una fuerte influencia sobre las sucesivas codificaciones europeas, ha sufrido, especialmente en época reciente (diciembre de 1958 y octubre de 1965)[4], cambios radicales que lo han diferenciado ulteriormente frente, por ejemplo, a la *Ley de enjuiciamiento civil* vigente en España. En Austria continúa estando en vigor la *Zivilprozessordnung* de 1895, obra genial de Franz Klein, la cual es quizá todavía hoy, por las ideas en las que está inspirada, la obra más moderna de legislación procesal civil en Europa y ha tenido notable influencia sobre algunas legislaciones posteriores. En Alemania -también en la Alemania oriental- continúa estando en vigor la *Zivilprozessordnung* de 1877, modificada por varias novelas sucesivas. Así también en otros varios países: en Dinamarca el Código de Procedimiento es de 1916, en vigencia desde 1919 y con sucesivas modificaciones; en Noruega el proceso, que hasta 1927 estaba regulado por una antigua ley de 1687, está regulado ahora por el Código de Procedimiento Civil de 1915, entrado en vigor doce años más tarde; en Suecia el proceso, anteriormente regulado por una ley de 1734, está regulado hoy por el Código de 1942, en vigor desde 1948; en España el mismo está todavía regulado por la vieja (en años y en concepción) *Ley de enjuiciamiento civil* de 1881; etc., etc. Y eso sin hablar de los países de la Europa oriental, que no nos podemos permitir silenciar en una investigación dedicada al procedimiento civil europeo-continental. En ellos el fenómeno más interesante para el comparatista -un fenómeno que, iniciado al final de la última guerra, quizá se ha atenuado, pero no ha cesado en los años más recientes- es el de una fuerte convergencia de las varias legislaciones, que tienden, en líneas generales, a ajustarse al modelo de la Unión

[4] Sobre la más reciente reforma del Proceso Civil francés, véanse: Lobin, Y., "Quelques réflexions sur le décret du 13 octobre 1965 relatif à la mise en état des causes, en *Recueil Dalloz Sirey,* 1966, Chr. IV, 15; Andrioli, V., "Juges chargés des mises en état, et coetera", en *Riv. dir. proc.*, 1966, pp. 277 y ss. Sobre la reforma de 1958, cfr., por ejemplo, Blanc, E., *La nouvelle procédure civile après la réforme judiciaire,* Paris, 1959.

Soviética[5] y también, por eso mismo, a separarse -como veremos mejor en seguida- en muchos principios fundamentales y a menudo también en institutos singulares del que podríamos *grosso modo* definir como el modelo *europeo-occidental*, con la formación, por tanto, también en el plano procesal, de una nueva y autónoma "familia jurídica" socialista[6].

Una segunda dificultad de carácter objetivo, que se agrega, pues, a la señalada multiformidad de los sistemas procesales europeo-continentales -una multiformidad que, por lo demás, se encuentra también, aunque quizá menos acentuada, en el ámbito de la familia de *common law*- consiste en la bien conocida y profunda diferencia que tiene lugar entre los sistemas jurídicos, sustanciales y procesales, de los países de *civil law*, por un lado, y de los países de *common law*, por otro. No solamente, pues, es extremadamente problemática la individualización de las dos homogéneas entidades *(civil law-common law)* contraponibles, sino, aun admitida tal individualización, se trataría, de todos modos, de dos entidades profundamente diferentes y, por consiguiente, no fácilmente comparables entre sí. Agréguense, además, las dificultades de carácter subjetivo: quien sea experto en estudio jurídico-comparativo, sabrá muy bien cuáles y cuántos son los peligros de confusión que pueden presentarse en todo intento de comparación jurídica. Comparación significa, normalmente, obra de síntesis realizada sobre la base de dos o más ordenamientos o grupos de ordenamientos jurídicos. Pero todos sabemos que así como no puede haber una obra seria de síntesis que no se funde sobre una previa y atenta obra de análisis, la cual, en cada caso particular, no puede hacerse más que sobre la base de una adecuada experiencia de los varios ordenamientos. La imposibilidad, especialmente en el campo procesal, para un jurista singular, de procurarse una adecuada

---

5 Con esto, naturalmente, no queremos minimizar las diferencias que, a veces, es posible observar entre el Derecho Procesal Civil de la U.R.S.S. y el de algunos países socialistas como, por ejemplo, Yugoslavia, cuyo Código de Procedimiento Civil, dictado en 1956, se separa de modo frecuentemente notable del modelo soviético. Cfr. CAPPELLETTI, M., *La testimonianza della parte nel sistema dell'oralità,* II, Milano, 1962, pp. 715-729.

6 Sobre la formación y las características de tal nueva familia jurídica cfr., por todos, DAVID, R, *Les grands systèmes,* cit. pp. 23 y ss., 149 y ss.; pero véanse también las observaciones de GORLA, G., voz "Diritto comparato", en *Enc. del dir.,* XII, Milano, 1964, pp. 935 y ss.

experiencia de varios sistemas jurídicos, es manifiesta y se acentúa ulteriormente cuando se trata de ordenamientos profundamente diversos. A la dificultad de lenguaje se agrega la de los problemas, de los conceptos, de las ideas. Problemas que para los juristas pertenecientes a un determinado ordenamiento son vivos y actuales, pueden representar meros lugares comunes para los estudiosos de otros países; conceptos que para unos tienen un significado preciso, pueden tener un significado incierto o bien uno completamente diverso para otros; ideas que unos consideran todavía vivas y operantes en el plano de la interpretación y de la evolución del Derecho, pueden aparecer superadas a otros estudiosos; y así sucesivamente.

¿Cómo tratar de superar todas estas dificultades?

§ 2. Los medios para superar tales dificultades

La primera serie de dificultades, la que deriva de la multiplicidad y multiformidad de los ordenamientos europeos, ya sea en el ámbito de la Europa occidental, ya sea en el ámbito de la Europa oriental, puede superarse sólo a través del intento de enuclear, mediante un esfuerzo de síntesis, lo que en aquella multiplicidad hay de común y de unitario. Veremos, en efecto, que existen o han existido en los ordenamientos continentales europeos y en general en los ordenamientos llamados de *civil law,* algunos *denominadores comunes,* los cuales aparecen como evidentes sobre todo a través de una investigación de su evolución histórica, antigua y reciente; una investigación que deberá a veces hacernos retroceder en los siglos hasta llegar a los que han sido los orígenes con frecuencia comunes de los diversos ordenamientos o de los diversos institutos, no siempre completamente perturbados por su evolución posterior. Esta evolución, a su vez, pondrán en claro no tanto algunos puntos comunes de llegada cuando algunas directrices de desarrollo que son comunes a todos aquellos ordenamientos o por lo menos a uno de los dos grupos (grupo "occidental", grupo "oriental") en que los mismos se pueden dividir hoy.

En cuanto a las dificultades de carácter subjetivo -que, por lo demás, son las naturales dificultades de toda investigación comparativa, aun cuando en la comparación entre *civil law* y *common law,* las mismas se encuentran particularmente acentuadas- creo que el mejor modo para superarlas es el de la experiencia directa y, por consiguiente, también el diálogo directo entre los estudiosos y los prácticos de los varios ordenamientos. Y bajo este aspecto también estas páginas, en cuanto expresan algo de lo que es una directa experiencia de vida y de estudio jurídico, podrán ser de alguna utilidad. Por lo demás, como se pondrá de relieve también en el curso de este estudio, las diferencias entre *civil law* y *common law* no son tan abismales como a primera vista podría pensarse. Y no sólo esto, sino que las mismas directivas de evolución, como veremos, son en muchos campos similares o convergentes, y ciertas diferencias se van atenuando, de manera que se puede hablar de un sistema jurídico en cuanto a muchos aspectos inspirado en principios generales comunes en todos los países (de *civil law* y *common law*) por lo menos del denominado mundo "occidental".

§ 3. La matriz histórica común de los ordenamientos procesales de los países de la Europa continental

Decíamos hace un momento que el modo mejor para poner en evidencia lo que hay de común en el Derecho Procesal de los ordenamientos europeos continentales -por lo menos, o especialmente, de los ordenamientos de la Europa Occidental- es someter los principios y los institutos fundamentales a una investigación histórica. En efecto, aquellos ordenamientos tienen todos ellos una *matriz común,* a la luz de la cual se hace menos difícil comprender su permanente unitariedad sustancial. Por lo demás, los mismos desarrollos históricos más recientes, esto es, los desarrollos que han conducido a las codificaciones del siglo último y especialmente a las de este siglo, y aun cuando sean desarrollados propios de estados singulares, no carecen, sin embargo, de una dirección común y, me atrevería a decir, de una ideología común por la cual, más o menos evidentemente, aparecen inspirados todos ellos; de manera que puede afirmarse que se tiene no sólo una matriz común, sino además una comunidad tendencial en las directrices de desarrollo y de superación de aquella matriz común. Es precisamente éste uno de los más interesantes fenómenos de la historia antigua y moderna de los ordenamientos procesales europeos: estos, que en los siglos del nacimiento y de la afirmación de los varios Estados nacionales, han manifestado sobre todo una fuerza por decir así *centrífuga* de diferenciación de la matriz originaria -la matriz de la que en seguida hablaremos- están ahora manifestando nuevamente en cambio por decir así una fuerza *centrípeta* de unificación que permite entrever directamente, en embrión, la formación en la Europa occidental de un unificado "Derecho Procesal europeo"[7].

Este fenómeno se refleja con gran evidencia incluso en la pequeña Confederación suiza, que puede por tanto presentarse como el primero y más significativo ejemplo de un fenómeno que afecta a todo el continente o al menos a la parte "occidental" del continente europeo. En verdad, si se examinan los veinticinco Códigos procesales de la Confederación Helvética, se observará que los mismos son hoy, después de una evolución de siglo y medio, mucho menos diversos entre sí de lo que pudieran serlo en la primera y aún en la segunda mitad del siglo pasado los primeros Códigos cantonales en su formulación originaria, comenzando por los dos primeros Códigos radicalmente diversos el uno del otro: el famoso *Code de procédure civile* de Ginebra, de 1819, obra tan innovadora de Bellot, fuertemente inspirada en las ideas de un gran filósofo y jurista inglés, Jeremy BENTHAM, y el *Codice di procedura civile per la Repubblica e Cantone del Tizino,* de 1820. El mismo *Code de procédure civile* francés, por lo demás, después de las más recientes reformas es hoy mucho menos diverso, por ejemplo, de la *Zivilprozessordnung* austriaca de lo que esta última pudiera serlo del *code* francés en la redacción originaria del mismo; y una análoga tendencia, incluso muy acentuada todavía, puede verse en la comparación entre la *ZPO* austriaca y la alemana, al haber perdido esta última, después de algunas novelas de reforma, y especialmente la novela de 1933, varias de las más notables características que originariamente diferenciaban entre sí aquellas dos obras legislativas. Lo mismo puede decirse respecto de los países escandinavos, cuyas viejas leyes procesales, en vigor hasta nuestro siglo, han sido sustituidas por leyes que por los principios fundamentales en que están inspiradas -el principio de oralidad, el principio de la libre valoración de las pruebas, etc., etc.-, representan la afirmación legislativa de las mismas idénticas ideas que se encuentran en la base de los Códigos austriaco y alemán y, dentro de ciertos límites al menos, también del vigente Código italiano. Allí donde

---

[7] Es reciente la publicación en Alemania de una obra de ANGEL, H., con el significado título: *Auf dem Wege zu einem europäischen Prozessrecht,* [En vías hacia un Derecho Procesal europeo], Baden-Baden, 1963.

las diferencias son más profundas, como en España, la doctrina más moderna y más avanzada se bate, sin embargo, para eliminarlas, y considera "anticuados" y "arcaicos" los institutos y las normas en los cuales aquellas diferencias se expresan[8]. Así ocurre también en Italia. También aquí la doctrina más moderna[9] va luchando, en efecto, por la abolición de los institutos arcaicos y hoy en día decididamente superados, como el interrogatorio formal "sobre hechos y artículos" de la parte, instituto abolido, precisamente, en Francia en el quinto decenio de este siglo, y desconocido de los ordenamientos austriaca y alemán, mientras el mismo permanece todavía, y en una forma aún más rígida y anticuada que en Italia, en el ordenamiento español. La misma doctrina se bate también, al mismo tiempo, por la sustitución de aquel instituto por un procedimiento probatorio, el interrogatorio libre o sea la *comparution personnelle* de los franceses, análogo de un lado a la *cross-examination* anglosajona, y de otro lado a la *Parteivernehmung* introducida en Austria en 1895, y en Alemania, en Suecia, en Noruega, en Dinamarca, en Hungría, en Polonia y en otros lugares, en nuestro siglo.

Este fenómeno tan interesante, que se puede expresar con el lema de *retorno a la unidad,* es por lo demás fácilmente explicable en un mundo como el que vivimos, en el cual las relaciones jurídicas entre pueblos diversos y entre individuos y Estados diversos, son cada vez más felices, más necesarias y más numerosas.

Menos sencilla podría parecer, en cambio, la explicación del hecho de que ya en otros períodos históricos -como veremos bien pronto- se ha verificado en Europa el fenómeno de la tendencia a la unificación, en formas análogas o quizá directamente más radicales que aquellas que experimentamos hoy en día. Pero tampoco ello carece de explicación. Es una realidad que el Derecho Procesal, y también la

---

8 Cfr., por ejemplo, GUASP, J., *Derecho Procesal Civil,* Madrid, 1956, p. 379, quien define el interrogatorio formal español como un instituto de "arcaica inspiración medieval". En el mismo sentido, véase Eduardo COUTURE, J., "El juramento previo a la absolución de posiciones", en *Estudios de Derecho Procesal civil,* II, Buenos Aires, 1949, p. 281. Cfr. también ALCALÁ-ZAMORA Y CASTILLO, N., *Proceso, Autocomposición y Autodefensa,* México, 1947, p. 90.

9 Sobre las imperfecciones del interrogatorio formal regulado por el Código de Procedimiento Civil italiano, se puede ver, por ejemplo, LIEBMAN, E. T., *Manuale di diritto processuale civile,* II, 1, Milano, 1959, p. 146.

técnica misma del proceso, no es nunca una cosa arbitraria, sino una cosa que trae su "metro" de las exigencias prácticas y culturales de un determinado tiempo. El Derecho Procesal, en suma, puede considerarse, en cierto sentido, si se nos permite la metáfora, como un espejo en el que con extrema fidelidad se reflejan los movimientos del pensamiento, de la filosofía y de la economía en un determinado período histórico[10]. En la Europa surgida de la desmembración del "Sacro Romano Imperio" y de la progresiva formación de los nuevos Estados nacionales, formación prácticamente concluida en el siglo pasado, era natural que debieran sucesivamente acentuarse las tendencias particularistas y diferenciadoras, también en el plano del Derecho y, por consiguiente, el Derecho Procesal. En la Europa Medieval, en cambio, en la cual algunos principios e institutos fundamentales y unitarios eran firmes, sagrados e indiscutidos, como era indiscutida una fundamental, unitaria concepción de la vida moral y política, resultaba natural que también en el "espejo" del proceso debiera reflejarse aquella fundamental unitariedad. Igualmente es natural, por mucho que pueda agradar o desagradar en el plano de la lucha de las ideologías y de los poderes políticos, que en la Europa oriental de hoy hayan bastado pocos años después la última postguerra para llevar a cabo una radical transformación del Proceso Civil y de sus principios e institutos, una transformación debida más que a nuevas leyes, a nuevos criterios de vida social -éticos, políticos, económicos- que han penetrado en aquellos países. Baste pensar lo que ha ocurrido en la Alemania oriental, donde la misma ley procesal, la *Zivilprozessordnung* de 1877, que está en vigor también en la Alemania occidental, encuentra aplicaciones e interpretaciones al mismo tiempo radicalmente diversas que en la parte occidental de aquel país.

---

10 Escribía a este respecto Piero CALAMANDREI: "Aconseja Leonardo a los pintores, para apreciar mejor las proporciones y las relaciones, mirar el cuadro reflejado en un espejo; así, en espejo de derecho sustancial que es el proceso, resulta posible apreciar nítidamente, expresada en ese agitado fluctuar de teorías sobre la acción, la crisis del ordenamiento jurídico contemporáneo, y de aquel concepto de derecho subjetivo que hasta ahora constituía su pilastra central". CALAMANDREI, P., "La relatività del concetto d'azione", en *Studi sul processo civile,* V, Padova, 1947, p. 24, reproducido en CALAMANDREI, P., *Opere Giuridiche* (al cuidado de M. CAPPELLETTI) I, Napoli, 1965, p. 447.

§ 4. Los principios fundamentales del Proceso Civil en el Derecho Comparado: el principio dispositivo

¿Cuáles son los principios fundamentales, los *allgemeine Rechtsgrundsätze,* que están o que han estado, en otros períodos históricos, formando la base del Proceso Civil de los países europeos? Es esta, precisamente, la pregunta principal a la que se querría intentar dar una respuesta en estas páginas, en las cuales no será posible, en cambio, entrar también en las particularidades de los tipos singulares de proceso y de los institutos procesales singulares; particularidades las cuales, por lo demás, no podrían ni siquiera ser comprendidas en su pleno significado sin aquella premisa general e introductiva que trataremos de sintetizar aquí.

Ciertamente, el primero y más importante de esos principios es el que deriva de la naturaleza misma del derecho sustancial del cual, mediante el proceso, se pide la protección. Se habla, a este propósito, por la doctrina europea, de un "principio dispositivo" (*Dispositionsprinzip* o *Dispositionsmaxime*): el principio o la máxima de la disposición de parte[11]. Pero para comprender este principio fundamental es necesario un cierto discurso. En efecto, hay que tener presente que el proceso, lejos de ser en sí mismo, no es otra cosa que un instrumento: es el instrumento excogitado al objeto de componer las litis garantizando la efectividad -la observancia, y la reintegración para el caso de inobservancia- del derecho sustancial. La necesidad de este instrumento está postulada por todos los ordenamientos de los pueblos civilizados. Significa que los pueblos han renunciado a confiar a la fuerza y a la venganza la protección o reintegración de los derechos subjetivos sustanciales para confiarla, en cambio, a un sujeto imparcial, el juez, que opera en un procedimiento dispuesto y ordenado por las normas y por las costumbres. Pero este carácter de la *instrumentalidad del Derecho*

---

[11] Véanse, por ejemplo, CARNACINI, T., "Tutela giurisdizionale e tecnica del processo", en *Studi in onore di Enrico Redenti,* II, Milano, 1951, pp. 695 y ss.; GÓMEZ ORBANEJA, E., / HERCE QUEMADA, E., *Derecho Procesal Civil* [5], Madrid, 1962, pp. 191 y ss.; GULDENER, M., *Schweizerisches Zivilprozessrecht* [2], Zürich, 1958, pp. 125 y ss.; PETSCHEK, G. / STAGEL, F., *Der österreichische Zivilprozess,* Wien, 1963, pp. 222 y ss.; L. ROSENBERG, *Lehrbuch des deutschen Zivilprozessrechts* [9], München u. Berlin, 1961, pp. 294 y ss.; VIZIOZ, H., *Etudes de procédure,* Bordeaux, 1956, pp. 441 y ss.

Procesal, y de la instrumentalidad, por consiguiente, de la técnica misma del proceso, implica una consecuencia importante: lo mismo que cualquiera otro instrumento, así también aquel instrumento que es el Derecho Procesal, para ser eficaz o sea para conseguir cumplir eficazmente su finalidad, debe adaptarse a la particular naturaleza del propio objeto. En otras palabras, debe asumir aquellas técnicas y valerse de aquellos institutos que son los más idóneos para el objeto de la garantía del derecho sustancial.

Pero así como el derecho sustancial puede tener diversa naturaleza, así también el Derecho Procesal, precisamente por su carácter instrumental, debe saber adaptarse a aquella diversa naturaleza. La demostración más próxima en el tiempo, por no decir también en el espacio, es aquella a la que se ha aludido ya, y que hace referencia a los países del este europeo, en su comparación con el mundo denominado "occidental". La característica esencial de los sistemas jurídicos comunistas es la abolición, en principio, de la propiedad privada: en otras palabras, la abolición del carácter *privado* de los derechos sustanciales patrimoniales, reales y personales. Cualquier texto jurídico "ortodoxo" de aquellos países, lo dice *opertis verbis*. La misma división bipartita del derecho en *público* y *privado* no sería otra cosa -cito de un conocido procesalista polaco, Marian WALLIGURSKI- que "un resultado del sistema económico-social de los Estados capitalísticos, apoyado sobre la propiedad privada, y un resultado, por consiguiente, del correspondiente criterio tradicional que distingue los intereses tutelados por el derecho en intereses colectivos e intereses individuales"[12].

El Derecho Civil sustancial, o sea aquel derecho sustancial sobre el cual operan los tribunales civiles, continúa en cambio siendo, para nosotros los "occidentales", en principio -excepción hecha de ciertos sectores del mismo, como de algunos aspectos del derecho de familia o del derecho del trabajo, agrario, industrial- un derecho *privado*. El mismo crea, por consiguiente, derechos subjetivos

---

[12] WALLIGURSKI, M., "Garantien für die Erforschung der Wahrheit im Zivilprozess", en *Rechtswissenschaftlicher Informationsdienst*, 1954, col. 84.

privados, esto es, dejados a la *libre disponibilidad* del individuo, el cual puede disponer de ellos en modo diverso: enajenándolos, transfiriéndolos por donación o por sucesión, renunciando a ellos, etc. No ocurre ya así, repito, en los ordenamientos comunistas, en los cuales -y cito, esta vez, a otro procesalista de la Europa oriental, Wladislaw SIEDLECKI- "el Derecho Civil no es el derecho *privado* que sirve para la tutela de los intereses individuales de la persona singular"[13]. Pues bien: este cambio profundo de la naturaleza del derecho sustancial (cambio que me limito a constatar, sin querer expresar en modo alguno aquí sobre él ningún juicio de valor, ya que no sería éste el lugar a propósito para ello, ha comportado también un profundo cambio de Derecho Procesal. Ha sido un cambio absolutamente lógico y necesario, dada aquella premisa; tan lógico y necesario que en la Alemania oriental, por ejemplo, el mismo se ha verificado aun sin producirse un cambio del Código de Procedimiento Civil (como he dicho ya, la *Zivilprozessordnung* de 1877 ha continuado allí en vigor hasta hoy).

§ 5. (continuación) Las consecuencias procesales del carácter público o privado del derecho sustancial

¿Cuáles son las consecuencias *procesales* necesarias y lógicas de la naturaleza, respectivamente, privada o pública del derecho sustancial?

Estas consecuencias se reflejan, obviamente, en especial sobre los poderes, respectivamente, de las partes de un lado, y del juez o quizá de otro órgano público que será, normalmente, el Ministerio Público (*Staatsanwalt, ministère public, public prosecutor*) de otro lado.

Si el derecho sustancial tiene naturaleza privada, entonces figuras como la del Ministerio Público son, obviamente, anómalas en un proceso que tenga por fin la tutela de aquel derecho. Aquellas figuras son plenamente comprensibles, en cambio, allí donde se trate de tutelar mediante el proceso derechos e intereses de orden público. Lo mismo ha de decirse en cuanto a los poderes del juez, los cuales serán usualmente tanto más penetrantes cuanto más

[13] SIEDLECKI, W., "Die Beweislast im polnischen Zivilprozess", en *Rechtswissenschaftlicher Informationsdienst,* 1954, cols. 54, 57 y ss.

acentuada sea la naturaleza publicística del derecho sustancialmente deducido en juicio.

En los países de la Europa oriental, y en general en los países comunistas, el Proceso Civil ha puesto de manifiesto un fenómeno que no es nuevo en la historia -el mismo se había manifestado ya, por ejemplo, en la Prusia de Federico el Grande-: esto es, el fenómeno de su progresiva "penalización" (*Poenalisierung des Zivilprozesses,* la han denominado precisamente los juristas alemanes), en virtud de la cual el mismo ha venido a asumir cada vez más acentuadamente las mismas características o características análogas a las del proceso penal[14]. Este último es, precisamente, instrumento de tutela de situaciones jurídicas no privadas sino eminentemente públicas, siendo de interés público (al menos según las concepciones modernas) y no de interés meramente privado, la condena del criminal y la absolución del inocente.

Este fenómeno es extraño, en general, a la Europa occidental y a sus ordenamientos procesales. Habiéndose conservado en líneas generales el carácter privado del Derecho Civil -quedando a salvo, como repito, algunos sectores del mismo, en los cuales la coloración publicística se ha ido sucesivamente acentuando, como el derecho de trabajo, el de los seguros, etc.-, también el proceso ha conservado ciertas características comunes. Estas características no sólo representan un primero e importantísimo denominador común, que se encuentra en la base de todos los sistemas procesales europeo-occidentales y contribuye a mantener a ellos una cierta unitariedad; sino que representan además un fuerte elemento de semejanza entre estos sistemas y los sistemas civilprocesalísticos de los países de *common law.* Las mismas representan, al mismo tiempo, un fuerte elemento de divergencia de los sistemas procesales "occidentales" (europeos y no europeos) respecto de los sistemas del mundo comunista.

---

[14] Cfr., por ejemplo, WALLIGURSKI, *Garantien,* cit., col. 90 ("[...] se quita así de en medio la principal razón de ser de una reglamentación del Proceso Civil diversa de la de los otros tipos de proceso"). Cfr. también el jurista soviético B. POPOV, citado por KOREVAAR, J. D., "La preuve en droit soviétique", en *Recueils de la Société Jean Bodin, La Preuve,* vol. XIX, *Periode contemporaine,* Bruxelles; 1963, p. 337, texto y nota 1.

§ 6. (Continuación). Las principales manifestaciones del principio dispositivo (el principio de la demanda: el principio de la excepción; *ne eat judex ultra petita partium;* el principio de la impugnación privada de la sentencia; el principio de la disponibilidad privada del proceso

Examinemos muy atentamente este elemento, respectivamente, de semejanza y de divergencia. ¿Cómo se manifiesta el mismo, en particular, en los varios ordenamientos procesales de la Europa occidental? ¿En qué reglas técnicas se manifiesta, en suma, el denominado "principio dispositivo"?

El mismo se manifiesta en toda una serie de reglas y de ulteriores principios, de los cuales recordaré solamente los principales:

a) Ante todo, el juez no puede, por regla fundamental, instaurar *ex officio* un proceso (*nemo iudex sine actore; wo kein Kläger ist, da ist auch kein Richter*) [donde no hay demandante, no hay juez] cfr., por ejemplo, el art. 2907 del Código Civil y el art. 99 del Código de Procedimiento Civil italiano[15]. La doctrina procesalística habla, a este respecto, de un "principio de la demanda", entendiéndose precisamente con esto la regla por la cual un proceso no se entiende instaurado si no hay una demanda inicial propuesta por la parte. Más propiamente sin embargo, se debería hablar de un principio de la demanda "privada". En efecto, también en el proceso penal denominado de tipo acusatorio, contrapuesto al proceso penal denominado inquisitorio, tiene vigencia el principio de la demanda; pero con esta diferencia: que la demanda puede ser propuesta aquí (o quizá debe ser propuesta) por una parte *pública*, la cual acciona, por tanto, no al objeto de pedir y obtener la tutela jurisdiccional de un derecho o interés suyo propio (privado o personal) sino de un interés público que trasciende de los sujetos singulares y alcanza a la colectividad misma organizada o sea al Estado.

---

[15] En cuanto a Francia véase, por ejemplo, NORMAND, J., *Le juge et le litige,* Paris, 1965, pp. 43 y ss., y, antes GLASSON, E. / TISSIER, A., *Traité théorique et pratique d'organisation judiciaire, de compétence et de procédure civile,* I, Paris, 1925, § 189, pp. 464 y ss.; en cuanto a Alemania, BLOMEYER, A., *Zivilprozessrecht,* Berlin-Göttingen-Heidelberg, 1963, pp. 63 y ss.

Es precisamente aquí, en este principio de la demanda (privada), donde se manifiesta de manera más profunda de un lado la fundamental unitariedad de los diversos ordenamientos civilprocesalísticos de la Europa occidental, y su analogía o semejanza con los ordenamientos civilprocesalísticos de los países de *common law;* y de otro lado su diferencia respecto de los ordenamientos de la Europa oriental. En efecto, en estos últimos no solamente han sido extraordinariamente ampliados (de tal modo que hoy en día son casi ilimitados: véase el art. 4 del Código de Procedimiento Civil de la principal entre las Repúblicas soviéticas, la República Socialista Federativa Soviética Rusa, aprobado en 1964; y todavía antes, en el mismo sentido el art. 2 del Código de Procedimiento Civil de la misma República, aprobado en 1923) los poderes de acción y de intervención, en los procesos civiles, de ciertas "partes públicas" orgánica y funcionalmente similares al Ministerio Público francés e italiano y al *Staatsanwalt* alemán; pero a los mismos órganos judiciales les corresponde, en ciertas categorías de casos, el poder de ponerse en función sin necesidad de la demanda pública ni privada. Esto ocurre, por ejemplo, en la Unión Soviética respecto del proceso ejecutivo: no sólo la acción civil ejecutiva, que en los países de la Europa occidental puede ejercitarse normalmente contra el deudor, solamente a iniciativa del acreedor, puede ser ejercitada, en cambio, también por la Procuración del Estado (Ministerio público) sin instancia ni participación del acreedor[16]; sino también sin la iniciativa de la Procuración del Estado, o sea de la "parte pública", la ejecución forzada puede ser en algunos casos indicados por la ley, promovida de oficio por el competente tribunal[17]. La concepción que constituye la base de ésta, que a los ojos del jurista occidental es ciertamente una fuerte anomalía, resulta por lo demás muy simple: dado que también los derechos de crédito no corresponden ya al individuo en cuanto tal, sino a él en cuanto miembro de un determinado grupo social, se niega entonces que el acreedor sea libre de ejecutar

---

16 Así dispone, en efecto, el art. 351, apartado 3° de Código de Procedimiento Civil de la República Socialista Federativa Soviética de Rusia.

17 Véase el art. 340, apartado 3° del Código de Procedimiento Civil de la R.S.F.S.R.

o de no ejercitar aquellos derechos según le plazca. El *está forzado* a ejercitarlo, del mismo modo que un empleado público está forzado a desenvolver sus propias funciones y, si no las desenvuelve, será el propio Estado el que a través de sus órganos intervendrá y sustituirá al empleado negligente. En otras palabras, todo ciudadano, en esta concepción integralística, es considerado siempre, en un cierto sentido, como un funcionario público en el ámbito de la "organización socialista"; y sus actos, aun aquellos que en la concepción "occidental" tienen naturaleza absolutamente individual y privada, son legítimos sólo en cuanto se inserten en las finalidades (de planificación económica, etc.) de la organización misma[18].

Pero donde, por el contrario, como en los países del mundo "occidental", el derecho privado continúa encontrando reconocimiento en cuanto tal, es del todo lógico y hasta necesario que tenga vigencia, en cambio, el principio de la demanda privada. Si tengo un derecho de crédito, así como puedo libremente perderlo o renunciar a él, así debo también ser libre de pedir o de no pedir, según lo prefiera, su tutela en juicio. El día en que un órgano público pudiera imponerle, en cambio, su voluntad, o sustituir mi voluntad por la suya, entonces también el carácter privado (y, por eso, *disponible*) de mi derecho de crédito, desaparecería y yo me encontraría en la misma posición de un funcionario público que se ve *forzado* a ejercitar los derechos del órgano que él personifica.

b) El mismo principio que vale la demanda del actor vale también -es casi inútil decirlo- para la demanda ("contrademanda") del demandado.

Distinciones muy sutiles se deberían hacer, en cambio, en cuanto a las "excepciones" del demandado, que son cosa diversa de sus contrademandas o demandas reconvencionales. Me bastaría recordar a este

---

[18] Son interesantes a este respecto las observaciones hechas por STOYANOVITCH, K., *Le régime a la proprieté en U.R.S.S.*, Paris, 1962, pp. 252 y ss., quien pone de relieve que el contenido del derecho individual de propiedad no es definible en abstracto, ni siquiera siguiendo las normas de ley y los límites establecidos por ellas, puesto que en este campo tiene fundamental importancia *el interés de clase,* tal como se interpreta por los jueces soviéticos en sus decisiones.

respecto, que, desde la época del Derecho italiano-canónico y común, la doctrina procesalística ha acostumbrado distinguir entre excepciones en sentido propio (*exceptiones iuris*) y excepciones en sentido impropio (*exceptiones facti*). Las primeras son aquellas respecto de las cuales vale la regla de que el juez no puede tenerlas en cuenta sin la instancia de parte; las segundas, en cambio, aquellas de las cuales el juez puede o debe tenerlas en cuenta aun de oficio[19]. Las razones de esta distinción son muy complejas y profundas: en parte corresponde a la historia de los institutos, y en parte a las finalidades mismas del Proceso Civil. Por ejemplo, en muchos países es una tradición secular aquella en virtud de la cual la prescripción no puede hacerse valer por el juez de oficio, sino solamente en virtud de excepción de la parte interesada. "Les juges -dispone, por ejemplo, el art. 2223 del code civil francés- ne peuvent pas suppléer d'office le moyen résultant de la prescription" [Los jueces o pueden suplir de oficio el medio resultante de la prescripción); e igualmente el Código Civil italiano, después de haber dicho en el art. 2934 que los derechos disponibles (o sea privados) se extinguen "por prescripción, cuando el titular no los ejercita por el tiempo determinado por la ley", advierte después en el art. 2938 que "el juez no puede señalar de oficio la prescripción no opuesta" o sea no excepcionada por el demandado[20]. Deriva, en cambio, según una concepción autorizadamente sostenida por la doctrina europea, de las finalidades mismas del Proceso Civil, la consecuencia de que el juez debe tener en cuenta también de oficio el pago efectuado del crédito sobre el cual hay una controversia; en efecto, si el juez condenase al demandado a pagar al actor una suma que el demandado (o su causante) había pagado ya, en tal caso el proceso se transformaría, de un instrumento de tutela de derechos existentes, en un instrumento de creación de nuevos derechos[21]. Todo

---

[19] Una cierta analogía puede verse en la distinción alemana entre *Einreden* y *Einwendungen*, por lo menos según la terminología del *BGB*. Cfr. Lent, F. / Jauernig, O., *Zivilprozessrecht*[13], München u. Berlin, 1966, pp. 129-130.

[20] Cfr. También el § 222, apartado 1°, de la *BGB* alemana y el respectivo comentario en *Palandt Bürgerliches Gesetzbuch*[25], München u. Berlin, 1966, *sub* § 222, I.

[21] Cfr. Chiovenda, G., *Istituzioni di diritto processuale civile*[2], I, Napoli, 1935, p. 312; Id., "Sulla 'eccezione'", en *Saggi di diritto processuale civile*, I, Roma, 1930, pp. 149 y ss., 153 y ss.

esto se expresa diciendo que, mientras el pago es un hecho que *ipso iure* (o sea *ope legis*) extingue el derecho de crédito, la prescripción es, en cambio, un hecho que produce aquella extinción solamente *ope exceptionis*: en virtud de la excepción planteada por la parte. Fenómenos análogos se pueden encontrar también en los ordenamientos de los países de *common law*: por ejemplo, también en tales países la prescripción (*statute of limitations*) no puede ser tomada en consideración de oficio por la corte, sino que puede ser planteada solamente por la parte interesada[22]. Es aquí evidente en cambio, de nuevo el contraste con los sistemas de la Europa oriental: por ejemplo, la jurisprudencia de la Alemania oriental ha decidido repetidamente que la prescripción puede hacerse valer por el juez aun de oficio[23], y en tal sentido dispone expresamente el art. 82 del Código Civil de la República Socialista Federativa Soviética de Rusia, dictado, al igual que el Código de Procedimiento Civil, en 1934.

c) Una tercera manifestación del "principio dispositivo" o sea, como se ha visto, de la naturaleza privada-disponible del derecho sustancial, es la regla en virtud de la cual el juez no solamente no puede instaurar un proceso *ex officio* (principio de la demanda), sino que tampoco puede dictar providencias que vayan *más allá de los límites* de la demanda (ni de la excepción *iuris*). Todo esto lo expresa muy claramente, por ejemplo, el Código de Procedimiento Civil italiano que, en el art. 112, contiene el siguiente precepto: "el juez debe pronunciar sobre toda la demanda y no más allá de los límites de ella". También ésta es una regla válida, en general, para el Proceso Civil de todos los países europeo-occidentales, y ciertamente también para los países de *common law*. En ninguno de estos países, como regla general, es lícito al juez civil condenar al demandado a pagar al actor un resarcimiento de mil dólares si el actor se ha limitado a pretender quinientos. La condena a pagar mil dólares estaría viciada, en efecto, por *ultrapetición*: la misma sería lesiva de la regla secular, expresada por el antiguo aforismo *ne eat judex ultra petita partium*.

---

22 Cfr. FLEMING JAMES JR., *Civil Procedure*, Boston-Toronto, 1965, p. 145.

23 Véanse al respecto las decisiones jurisprudenciales y opiniones doctrinales que aparecen en PFUHL, E., *Die sowjetische Zivilprozessordnung u. ihr Einfluss auf den sowjetzonalen Zivilprozess*, Berlin, 1955, pp. 148 y ss.

Como esta regla está estrechamente vinculada a las otras dos, de las que anteriormente se ha hablado (el principio de la demanda privada y el principio de la excepción), no será una sorpresa constatar que también esta tercera regla no encuentra ya, en cambio, aceptación en el Proceso Civil de los países de la Europa oriental. Tomemos todavía en examen el "Grazhdanskij Prozessual'nyj Kodeks" (Código de Procedimiento Civil) de la República Socialista Federativa Soviética de Rusia (R.S.F.S.R.), promulgado el 11 de junio de 1964 y en vigor desde el 1° de octubre del mismo año: Código el cual permanece, en gran parte, en el surco trazado por la ley procesal precedentemente en vigor, aprobada en 1923, la cual sirvió de modelo a los otros sucesivos Códigos de procedimiento civil de todas las repúblicas de la URSS, y sobre la cual se ha ido modelando rápidamente en la postguerra la legislación procesal de los otros Estados de la Europa oriental y en general del mundo comunista. Pues bien: veremos, por ejemplo, que el art. 195 del Código de Procedimiento Civil ruso, dispone precisamente que "en relación a las circunstancias comprobadas en el curso de la causa, *el tribunal puede sobrepasar los límites de las demandas presentadas por el actor,* si ello es necesario para la defensa de los derechos y de los intereses legítimos de las instituciones estatales, de las empresas, de las factorías colectivas y de las otras cooperativas, o de los ciudadanos"[24]. René DAVID ha escrito, a este respecto, que en Rusia "los tribunales civiles requeridos por las partes o por el Ministerio Público no se limitan a oír los argumentos de las partes y a decidir sobre sus demandas; conocen del conjunto del negocio, que se esfuerzan en aclarar en beneficio de las partes, y pueden incluso, si es del caso, decidir *ultra petita*"[25].

e) Una quinta regla que deriva del principio de la disposición de parte y que se extiende a todos los sistemas procesales civiles de la Europa occidental y de los países de *common law* diferenciándolos, en cambio, de los sistemas procesales de la

---

[24] Análoga era la disposición del art. 179 del Código de Procedimiento Civil ruso de 1923.

[25] Cfr. DAVID, R. / HAZARD, J. N., *Le Droit Soviétique*, t. I; *Les données fondamentales du droit soviétique*, por R. DAVID, Paris, 1954, p. 210.

Europa oriental, es aquella en virtud de la cual, una vez dictada una providencia judicial, solamente las partes interesadas en ello, o en algún caso los terceros (privados) también interesados, pueden impugnar aquella providencia, mientras, en cambio, el poder de impugnación no puede nunca ejercitarse de oficio por el juez, ni siquiera por un juez superior ni por el órgano judicial supremo de un determinado ordenamiento jurídico. Vale, en suma, en cuanto a la fase de las impugnaciones, un principio análogo al de la demanda (privada): y también en los casos en los cuales, excepcionalmente, es posible la impugnación por parte de un órgano público -como ocurre, por ejemplo, en Italia en cuanto a las causas matrimoniales, en las cuales se contempla un fuerte interés público y no solamente un interés privado-, también en estos casos el órgano público al cual corresponde el poder de impugnación no puede, sin embargo, identificarse nunca con el órgano judicial mismo. Además, siempre en el plano de las impugnaciones, es principio general de los ordenamientos occidentales aquel según el cual el juez de la impugnación está vinculado normalmente a decidir *dentro de los límites* de la impugnación misma: principio éste que repite en la fase de las impugnaciones aquella regla *ne eat judex ultra petita partium,* que hace poco hemos examinado.

De nuevo hay aquí, en cambio, como repito, una profunda diferencia con los sistemas de la Europa oriental. Si tomamos el Código ruso vemos, en efecto, que aquel que debe considerarse el principal medio de impugnación de las sentencias y que puede, bajo ciertos aspectos estructurales, asemejarse al juicio de casación francés e italiano o a la revisión (*Revisión*) alemana, presenta, sin embargo, una regla muy diversa de aquellas a las que nosotros estamos habituados. El art. 294 del Código de Procedimiento Civil de la R.S.F.S.R. dispone, en efecto, que "al tratarse la causa en el proceso de casación, el tribunal sobre la base de los actos de la causa y de los ulteriores materiales presentados por las partes y por las otras personas que participan en la causa controlan si la decisión del tribunal de primer grado es conforme a la ley y a los hechos, *ya sea relativamente a las partes impugnadas de la sentencia, ya sea relativamente a las partes no impugnadas, como también en relación a las personas que no han impugnado*"[26]. Hay además, junto al juicio de casación, otros dos medios de impugnación a los cuales puede directamente recurrir de propia iniciativa el Ministerio Público o directamente el mismo órgano judicial. El primero es un medio análogo a la revocación italiana (*Wiederaufnahme des Verfahrens* alemana y austriaca; *requête civile* francesa); y a este respecto la ley rusa (Código de Procedimiento Civil de la R.S.F.S.R., arts. 333 *initio* y 334) dispone que la renovación "por descubrimiento de nuevas circunstancias de hecho" pueden pedirla, además de las partes, también el Ministerio Público adscripto al tribunal que ha emitido la sentencia[27]. El segundo es una especie de "nuevo examen" o de "control", efectuado por parte de los tribunales supremos locales o de la misma Suprema Corte Federal, de las sentencias aun civiles pasadas en cosa juzgada, a fin de ver si las sentencia así impugnadas son "conformes a la ley y a los hechos" (art. 327 del Código de Procedimiento Civil de la R.S.F.S.R.; cfr. el art. 254, *b,* del Código ruso de 1923, que preveía tal "control" para las sentencias que hubiesen perpetrado "una violación particularmente grave de las leyes vigentes o bien de los intereses del Estado, de los obreros y de los campesinos o de las masas trabajadoras"). Este "nuevo examen" no puede tener lugar nunca a instancia de los sujetos privados, sino siempre a instancia del Ministerio Público o de los órganos judiciales, como el presidente de una Suprema Corte de la República federada o el Presidente de la Suprema Corte Federal (art. 320 del Código de Procedimiento Civil de la R.S.F.S.R.; art. 254 del Código de 1923). Es interesante señalar además que, lo mismo que respecto de la casación, así también respecto de este último medio extraordinario de impugnación, la ley establece que el tribunal desarrolla su "control", "ya sea sobre los extremos impugnados de la

---

[26] El art. 245 del Código de Procedimiento Civil ruso de 1923 disponía que "el Tribunal Superior [competente para decidir sobre la impugnación], al tratar del recurso, no está vinculado a los motivos de censura aducidos por el recurrente, sino que está incluso siempre obligado a proveer de propia iniciativa a una revisión integral de la causa aun con respecto a los extremos de la sentencia no impugnados, y esto también frente a las partes que no hayan interpuesto recurso".

[27] El art. 252 *initio* del Cód. de Proc. Civ. ruso de 1923 disponía que la revocación por el descubrimiento de nuevas circunstancias de hecho, además de por las partes y por el Ministerio Público, pudiera pedirse también, de oficio, por los presidentes de ciertos tribunales civiles superiores.

sentencia, ya sea sobre aquellos no impugnados y con eficacia también respecto de las personas no mencionadas en el acto de impugnación" (art. 327 del Código de Procedimiento Civil de 1964).

f) Una sexta y última regla procesal que, a nuestro entender, deriva por su naturaleza particular (privada y, por consiguiente, disponible) del derecho sustancial, se manifiesta en el poder de las partes de poner fin, sin que se deba necesariamente llegar a una sentencia sino mediante una *transacción privada,* al proceso iniciado. También esta regla encuentra diversa disciplina pero, en términos generales, reconocimiento común en los ordenamientos de la Europa occidental, así como en los países del *common law.*

De nuevo la diferencia es radical, en cambio, respecto de los ordenamientos de la Europa oriental. El art. 34, 3° apartado, del Código-modelo, o sea del Código de la República Socialista Federativa Soviética de Rusia dispone que, una vez instaurado el proceso, "el tribunal no aceptará la renuncia a la acción por parte del actor, o el reconocimiento de la acción por parte del demandado, y no aprobará la conciliación amigable de las partes, si tales actos violan la ley o los derechos y los intereses legítimos de quienquiera que sea"[28].

§ 7. (Continuación). Conclusiones sobre el principio dispositivo: la contraposición entre los sistemas procesales del mundo "occidental" y los de la familia jurídica socialista

Se puede concluir así esta primera parte de nuestro estudio. Al principio de estas páginas nos habíamos planteado la cuestión de sí es posible hablar de un Derecho Procesal Civil de los países de base romanística -*civil law*- susceptible de poder ser considerado unitariamente, así como podía ser unitariamente considerado el Derecho Procesal Civil del *ius commune* hasta la época de las codificaciones modernas. El primer resultado al que hemos llegado en esta parte de nuestra investigación ha sido el de la enucleación de una serie muy importante de *reglas comunes* no sólo a los procesos civiles de la Europa

[28] Sustancialmente análogo era el art. 2 del Código de 1923 a tenor del cual, una vez instaurado el proceso, si una parte renunciaba a los derechos a ella correspondientes o a la tutela jurisdiccional de los mismos, el tribunal debía decidir discrecionalmente si tal renuncia debía ser aceptada o no.

occidental, sino también a los de los países de *common law* [29] y diversos en cambio de las reglas que sobre el tema rigen, desde tiempo reciente, en varios países de la Europa oriental, o sea en los países de sistema comunista. Todas estas reglas comunes, que se expresan o se reflejan en una multitud de institutos -desde la citación a las impugnaciones, desde la contra-demanda a las excepciones, a la conciliación, etc.- traen su razón de ser, como se ha visto, de la naturaleza (*privada,* o bien *no ya privada*) del derecho *sustancial* respecto del cual el juez está obligado a desenvolver su función. La presencia de tales reglas y características fundamentales hace asumir al Proceso Civil de los países de Europa occidental aquella misma *naturaleza no inquisitoria,* que es propia también del Proceso Civil de los países de *common law.* Erróneamente, por tanto, algunos juristas de estos países[30] afirman que el Proceso Civil europeo-continental es un *inquisitory system of litigation* (sistema inquisitorio de litigación) y lo contraponen a su sistema, definido por ellos como un *contentious* o *adversary system of litigation* (sistema contencioso de litigación)[31]. La verdad es que no puede definirse correctamente como

---

[29] Sobre las afinidades, fundamentales, entre sistemas de *civil law* y sistemas de *common law,* afinidades que son mucho mayores de lo que aun la investigación superficial podría parecer, cfr. también COUTURE, E. J., "La garanzia costituzionale del 'dovuto processo legale'", en *Riv. dir. proc.,* 1954, I, p. 99 i.f. Cfr. también, con referencia particular al Derecho Procesal, SERENI, A. P., "L'assistenza giudiziaria internazionale in materia civile con speciale riferimento alle relazioni italo-statunitensi, en *Riv. trim. dir. e proc. civ.,* 1961, p. 757 ("las diversidades en materia procesal entre la *civil law* y la *common law* tienden a atenuarse considerablemente"); y particularmente las incisivas, importantes observaciones de Millar, R. W., "The Old Regime and the New in Civil Procedure", en *New York University Law Quarterly Review,* XIV (1936-37), especialmente a p. 223, donde el autor resume las razones por las cuales "a continental jurist of today, observing the civil procedure of the Anglo-American jurisdictions, would find the contrast to his own system decidedly less pronounced than that which was encountered by his predecessor of a century ago" ["un jurista continental de hoy, al observar el procedimiento civil de las jurisdicciones angloamericanas, descubriría que el contraste con su propio sistema es decididamente menos pronunciado de lo que lo halló su predecesor un siglo atrás"].

[30] Por ejemplo, MCCORMICK, CH. T., *Handbook of the Law of Evidence,* St. Paul, Minn., 1954, p. 12.

[31] Véase sobre el tema también *infra,* parte II, §§ 15-16 y 18. Sobre el *adversary system of litigation* véanse, entre tantos, CONRAD, E.C., *Modern Trial Evidence,* St. Paul, Minn., 1956, vol. I, p. V y vol. II, p. 334; MORGAN, E. M., *Basic Problems of Evidence;* Philadelphia, Pa., 1961, pp. 65 y ss.

inquisitorio un sistema en el cual están vigentes las reglas y normas que hemos tomado en examen en esta primera parte de nuestra investigación; o sea un sistema inspirado en el *principio dispositivo* porque es precisamente la exacta contraposición del *principio inquisitorio* [32].

[32] De inquisitoriedad se acostumbra hablar en un sentido que considero impropio, o sea para indicar un tipo de proceso en el cual el juez, aunque vinculado a la voluntad de las partes por lo que concierne a las demandas, las excepciones y las impugnaciones, tiene poderes de iniciativa oficial en materia de pruebas. A nuestro entender es oportuno, en cambio, distinguir netamente la hipótesis en que tales iniciativas probatorias oficiales están limitadas a las demandas-excepciones de parte, y la hipótesis, que configura un tipo de proceso propiamente inquisitorio, en que las mismas están, en cambio, desvinculadas de tales límites. Véase también *infra,* parte II, § 18; y cfr. nuestros estudios *Testimonianza della parte,* cit., *passim,* especialmente en el vol. I, pp. 301 y ss. (allí la toma de posición contra la diversa concepción de LIEBMAN, E. T., "Fondamento del principio dispositivo", en *Riv. dir. proc.,* 1960, pp. 551 y ss.), e "Iniziative probatorie del giudice e basi pregiuridiche della struttura del processo", en *Riv. dir. proc.,* 1967, pp. 407 y ss.

Parte II
Publicización, oralidad, socialización

§ 8. La publicización del Proceso Civil

Todas las características y las normas de que se ha hablado en la parte precedente encuentran -es conveniente repetirlo- su fundamento en el hecho de que el Derecho Procesal es un derecho *instrumental*; un instrumento que debe adecuarse a la particular naturaleza del objeto (el derecho sustancial) respecto del cual debe operar.

Un derecho subjetivo es privado cuando se deja a la libre disposición del sujeto privado; y hemos visto que todo ordenamiento jurídico que reconozca aquella libertad, de disposición respecto de los derechos sustanciales, debe continuar reconociéndola también respecto del derecho de acción y de excepción, al derecho de impugnación, al derecho de composición amigable de la litis, etc.

Pero en esta segunda parte de nuestra investigación debemos examinar ahora un ulterior importante fenómeno, el cual ha sido definido por muchos procesalistas europeos con la fórmula "publicización del Derecho Procesal". Es precisamente sobre esta idea -la idea o principio de que el Derecho Procesal es un derecho público, aunque sea un instrumento de tutela de derechos privados[1]- sobre la que deberemos ahora poner nuestra atención.

§ 9. Conciliabilidad del principio dispositivo con el carácter público-indisponible del Derecho Procesal: planteamiento del problema

La idea, en sí, es muy simple; igualmente simple (pero quizá también igualmente importante) que la del principio dispositivo, ya antes examinada. Significa que el Proceso Civil, aun siendo un instrumento

---

1 Cfr. por tantos, MOREL, R., *Traité élémentaire de procédure civile* ², Paris, 1949, pp. 6 y ss.

dirigido a la tutela de derechos (normalmente) privados, representa, sin embargo, al mismo tiempo, también una función pública del Estado. Tratándose de una función pública -al igual que las funciones legislativas y administrativas- hay que considerar que el Estado mismo, y no solamente las partes privadas, está interesado en un ordenado, rápido, orgánico, imparcial ejercicio de aquella función; en suma, en realizar e imponer el mejor posible entre los modos de llevar a cabo aquella función.

La consecuencia práctica más evidente de esta idea es la siguiente: que las partes privadas, aun siendo libres de disponer de los derechos sustanciales deducidos en juicio, o sea del *objeto del proceso,* no son libres, sin embargo (o, por lo menos, no son completamente libres) de disponer a su gusto también del proceso mismo, o sea del instrumento procesal. En otras palabras, las mismas no son libres de determinar a su gusto *el modo* cómo el proceso debe desenvolverse.

Pero ¿cómo puede conciliarse esta idea con la anteriormente examinada de la *party disposition*? ¿No está el principio dispositivo en contraste con el principio del carácter público, y por consiguiente indisponible, del Derecho Procesal?

§ 10. El Proceso Civil como *"sache der parteien"* y el principio de la escritura: referencias históricas

La importancia de estas preguntas resulta evidente a quien lleve adelante la investigación sobre las grandes líneas de la historia moderna del Derecho Procesal Civil en Europa. Todavía en la primera mitad del siglo pasado, en todos los países europeos los sistemas procesales civiles consideraban el proceso como "cosa de las partes", *Sache der Parteien* [2]. Esto significaba no solamente respeto del carácter privado de los derechos subjetivos deducidos en juicio, o sea del poder monopolístico de las partes con respecto al *objeto* del proceso, y no solamente, por tanto, respecto de aquellas reglas de las cuales hemos hablado en la primera parte de nuestro estudio; sino que significaba también algo más. Esto es, significaba también señorío de las partes privadas sobre el *desarrollo* del proceso, sobre la *técnica* procesal, sobre las reglas, en suma, que fijan los términos, las modalidades del proceso.

---

2 Sobre el proceso como *Sache der Parteien,* véase CAPPELLETTI, M., *La testimonianza della parte nel sistema dell'oralità,* I, Milano, 1962, pp. 142-143, 217, 307, 321, 323-325, 403-404, 536 y allí amplias referencias.

No sólo dependía de la libre iniciativa de la parte privada iniciar un proceso (principio de la demanda de parte), de interponer las excepciones en sentido propio, de determinar los límites de la sentencia (*ne eat judex ultra petita partium*), de impugnar la sentencia misma y, finalmente, de componer la litis mediante un acuerdo privado; sino que de la voluntad de las partes privadas dependían además, en gran medida, también las modalidades formales, temporales, etc., del desarrollo del proceso. La ley permitía a las partes prolongar un proceso en el tiempo, casi a su gusto; ningún poder correspondía, en principio, al juez, de intervenir al objeto de abreviar y acelerar las mismas[3]. Las irregularidades formales debían, por regla general, ser excepcionadas en el proceso por la parte interesada, sin poder alguno del juez -digamos de nuevo- de señalarlas de oficio, aunque fuese al solo fin de invitar a las partes interesadas a ponerles remedio. La voluntad de las partes podía dar vida, casi sin límites, a acuerdos probatorios, tales incluso que vinculasen al juez a poner como base de la sentencia hechos manifiestamente no acaecidos o imposibles; y así sucesivamente se discurría. Toda especie de poder judicial, en suma, era desconocida o por lo menos estaba muy atenuada; el juez debía permanecer totalmente extraño al proceso; el proceso -repito- era "cosa de las partes", se desarrollaba exclusivamente entre las partes; el juez estaba no solamente por encima sino fuera de la arena. La consecuencia más importante de ello era la escasa importancia de las audiencias: el proceso se desarrollaba entre las partes (es decir, normalmente, entre los abogados de las partes), sin la presencia del juez. El juez era llamado solamente a juzgar, al final del proceso; y la base sobre la cual él debía apoyar su sentencia está constituida por los escritos que las partes (también, normalmente, los abogados de las partes) se habían "cambiado" entre ellos en el curso del proceso. El temor de que el juez, al entrar "en la arena" terminase por perder su *imparcialidad,* era tan grande que incluso las pruebas eran asumidas con frecuencia en ausencia del juez, el cual, por consiguiente, no tomaba conocimiento directo de ellas, sino solamente indirecto, a través de los protocolos o "verbales" (actas) escritos, redactados por secretarios o por otros sujetos destinados a ello[4].

---

3 Véanse, a este respecto, las críticas de MENGER, A., *Il diritto civile e il proletariato* (traducción italiana de G. OBEROSLER), Torino, 1894, pp. 24 y ss.

4 CHIOVENDA, G., *Istituzioni di diritto processuale civile*², I, Napoli, 1936, pp. 127-128.

Esto ocurría, como he dicho, todavía en la primera mitad del siglo pasado prácticamente en todos los sistemas procesales europeos. Solamente en el sistema francés la audiencia oral había comenzado en aquella época a asumir una relativa importancia[5]; ciertamente una importancia limitada, pero mayor que en los sistemas alemán, austriaco, italiano, español, así como en los sistemas escandinavos, etc., siempre de aquella época. Se tenía, en todos los sitios, el triunfo de lo que la más avanzada doctrina europea del siglo XIX y aun de nuestro siglo, ha combatido tenazmente: el *principio de la escritura,* "Schriftlichkeitsprinzip", o sea el sistema o principio según el cual el juez debía juzgar solamente sobre la base de los escritos, sin entrar nunca en contacto *directo* (y, por consiguiente, *oral*) con las partes, con los testigos, con los peritos. La escritura se consideraba casi como un escudo del juez contra las tentaciones y los peligros de la parcialidad. La misma era, en realidad, la barrera, el diafragma que separaba al juez del proceso y de aquellos que del proceso son los verdaderos protagonistas privados: sobre todo, las partes y los testigos.

No se crea que el sistema de la escritura, el *Schriftlichkeitsprinzip,* era una novedad en la Europa de la primera mitad del siglo pasado. ¡Todo lo contrario! Tenía una vejez de siglos. Aun siendo absolutamente extraño al proceso romano clásico, se había ido afirmando, en efecto, en el proceso justiniano y después, sobre todo, en el proceso italiano-canónico del medioevo; y de aquel proceso se había extendido después a todos los países de la Europa continental[6] e incluso a Inglaterra al menos por lo que se refiere al proceso de las cortes de *equity* (pero no en cuanto al de las cortes de *common law*, donde el instituto del jurado ha impuesto siempre la exigencia de la oralidad).

Nos hemos referido ya al hecho de que en los primeros siglos siguientes al año 1000 de Cristo, en toda la Europa continental penetró un *ius commune* tanto sustancial como procesal. La elaboración de este "derecho común" se debió sobre todo a la gran doctrina jurídica de los siglos XI-XIV que floreció en las primeras universidades jurídicas

---

[5] Cfr. por ejemplo, KAPLAN, B., "Civil Procedure: Reflections on the Comparison of Systems", en *Buffalo Law Review,* 1960, p. 416.

[6] Véase, con referencia al proceso italiano, BIONDI, B, "Intorno alla romanità del processo civile moderno, en *Bullettino dell'Istituto di Diritto Romano,* 1934, pp. 391 y ss.; con referencia al proceso alemán, ENGELMANN, A., *Der römische Civilprozess,* Breslau, 1891, § 83 pp. 84-85.

italianas, especialmente en la Universidad de Bolonia[7]. Ahora bien: uno de los aspectos fundamentales del sistema procesal común a los países europeos de aquella época, fue precisamente el método o principio de la escritura. Es ciertamente un método anticuado para nosotros, que vivimos en pleno siglo XX. Impedir al juez ver, cara a cara, y hablar con las partes y con los testigos, y sobre todo oírles hablar, significa para nosotros sustraer al juez una de las más importantes y quizá la más importante guía para descubrir la verdad, para formarse una justa convicción respecto del caso. Por otra parte, no se puede negar que el contacto directo del juez con las partes (y con sus defensores) y con los testigos lleva consigo una cierta dosis de riesgo para la imparcialidad u objetividad del juez. A las razones objetivas y "sin rostro" de la verdad y de la justicia, podría él ser inducido a anteponer aquellas otras, conscientes o inconscientes, de la simpatía o antipatía hacia una parte en daño o a favor de la otra; o podría quizá inclinarse a preferir las razones de la parte culta a las de la parte inculta; o las de la parte noble a la parte plebeya; y así sucesivamente discurriendo. El moderno "sistema de la oralidad", en el cual las partes, los defensores y los testigos hablan, más que escriben, al juez en la audiencia pública, y en el cual, por tanto, la audiencia viene a constituir el momento más importante (y también el más dramático) del proceso, presupone, como ha escrito un agudo jurista austriaco (Gustav DEMELIUS) a fines del siglo último, un *magnus iudex*: un "gran" juez o por lo menos un juez hábil, inteligente, sobre todo honesto. La razón histórico-sociológica del triunfo, en el medioevo, del sistema de la escritura, ha de verse probablemente en la falta, precisamente, en aquellos tiempos, de una "gran" magistratura[8]. Lo deja comprender con bastante claridad precisamente la famosa decretal del Papa Inocencio III, del año 1216, esto es, aquella decretal que ha señalado el definitivo triunfo del principio de la escritura en el proceso canónico. En ella se dice que el principio de la escritura, en base al cual todo acto procesal debía resultar por escrito y el juez no podía juzgar

---

[7] Cfr. ENGELMANN, A. y otros, *A History of Continental Civil Procedure,* translated and edited by Millar, R. W., Boston, 1927, pp. 438 y ss.; CAPPELLETTI, M., / MERRYMAN, J. H. / PERILLO, J. M., *The Italian Legal System. An Introduction,* Stanford, California, 1967, pp. 13 y ss., 16 y ss.

[8] Sobre el punto, véase SALVIOLI, G., "Storia della procedura civile e criminale, en el tratado de *Storia del diritto italiano,* dirigido por P. DEL GIUDICE, vol. III, parte II, Milano, 1927, p. 406.

más que sobre la base de los escritos (*acta,* o sea *acta scripta*), estaba dirigido a proteger a las partes *"contra falsam assertionem iniqui judicis"*; contra la iniquidad y la falsedad, en suma, del juez deshonesto[9].

§ 11. El movimiento doctrinal y legislativo a favor de la oralidad

Pero así como el "principio de la escritura" ha constituido un factor de profunda semejanza de los sistemas procesales de toda la Europa continental desde los primeros siglos posteriores al año 1000 después de Cristo hasta todo el siglo XVIII, así también, a partir del siglo pasado podemos ver en toda la Europa un movimiento general de la mejor doctrina, dirigido a combatir aquel principio a favor de un sistema procesal oral.

Es muy significativo el hecho de que aquel movimiento doctrinal haya surgido de una más profunda atención de los estudiosos hacia el proceso clásico romano (obsérvese que las *Instituciones* de GAYO han sido descubiertas precisamente al comienzo del siglo pasado, exactamente en 1816, en Verona, por el Cardenal Angelo Mai). Tal proceso terminó por ser considerado como un modelo para la realización de un nuevo sistema procesal oral. Pero, naturalmente, los estudios no hacen otra cosa que reflejar las exigencias prácticas de un determinado período histórico; y las exigencias prácticas del siglo pasado eran precisamente aquellas que nacían de una cada vez más viva conciencia de los graves defectos del proceso "común" (o de un proceso todavía fuertemente radicado en el proceso común) o sea del proceso escrito y de la convicción de que era necesario reformar aquel sistema para tener una mejor administración de la justicia.

Las grandes etapas de este importantísimo movimiento de reforma están constituidas por el Código de Procedimiento Civil de Hannover de 1850, elaborado por Gerhard Adolf WILHELM LEONHARDT, y sobre todo, después, por el Código de Procedimiento Civil (*Zivilprozessordnung*) alemán de 1877, en vigor desde 1879 hasta nuestros días (aunque sea con varias y profundas modificaciones), y por el Código de Procedimiento austriaco de 1895, en vigor desde 1898 hasta nuestros días (también él con algunas sucesivas modificaciones, de no radical importancia). Todas estas leyes y las

9 *Decretales* GREGORII IX, liber II, tít. XIX, *de probationibus,* cap. XI.

que en ellas se han inspirado sucesivamente encontraron su idea central y determinante precisamente en el *principio de la oralidad,* aun cuando después la realización de este principio pueda haber sido en concreto no siempre idéntica ni integral en los diversos países.

Naturalmente, la realización del principio de la oralidad comportaba un radical abandono del viejo sistema, o sea del denominado "proceso común"; y esto significaba evidentemente una profunda *ruptura de aquella unidad* que había nacido en los siglos del medioevo y que, al menos en parte, había sobrevivido hasta todo el siglo XVIII. Pero puesto que el siglo pasado ha sido uno predominantemente inspirado, al menos en Europa, en movimientos ideológicos y políticos nacionales y nacionalísticos, la ruptura de aquella unidad correspondía perfectamente también a la dominante tendencia ideológica y política de la época.

Por otra parte, como ya se ha tenido ocasión de señalar, la ruptura de la vieja unidad, debida a los nuevos Códigos y leyes procesales inspirados en criterios radicalmente nuevos se ha ido convirtiendo sucesivamente en un fenómeno de tal manera difundido y de tal manera general en Europa que se puede sostener hoy en día que, a través de aquella ruptura, se ha ido formando una nueva tendencia hacia una nueva unidad. Quiere decir que las legislaciones nacionales que sucesivamente acogieron el sistema procesal oral fueron siendo cada vez más numerosas, de manera que hoy en día puede afirmarse que representan la gran mayoría de los sistemas nacionales europeos. En el principio de la oralidad se inspiraron, en efecto, más o menos terminantemente, además de los dos Códigos, alemán y austriaco, ya recordados, todos los Códigos europeos de nuestro siglo, desde el Código húngaro de 1° de enero de 1911, principalmente elaborado por Alejandro PLÓSZ, al danés, en vigor desde 1919, al noruego, en vigor desde 1927, al polaco entrado en vigor el 1° de enero de 1933, al yugoslavo de 13 de julio de 1929, entrado en vigor entre el 1933 y el 1934 (casi literalmente modelado sobre el Código austriaco), para llegar a las leyes más recientes, como el Código federal suizo de 1947 y el Código sueco en vigor desde el 1° de enero de 1948, así como las leyes procesales de los países socialistas de Europa, basadas también ellas fuertemente en el criterio de la relación inmediata y oral del juez con las partes y los otros sujetos del proceso.

De ello deriva que en todos estos Códigos se tiene ahora una audiencia pública, una *Hauptverhandlung* (la *sudebnoe zasedanie* de los Códigos de Procedimiento Civil soviéticos), que es -como el *trial* de los países de *common law*- la parte central y fundamental del proceso. En ella, el juez o el colegio juzgador viene a encontrarse en *inmediato, directo contacto* con las partes y sus abogados y con los testigos. Sólo en cuanto al Proceso Civil español, sería probablemente muy aventurado hablar todavía hoy de una aceptación de la idea de la oralidad; y también en cuanto a los procesos italiano y francés se debe admitir que la idea se encuentra en ellos sólo imperfecta y muy parcialmente realizada. Pero también en estos países, a juzgar por los esfuerzos de la doctrina más moderna y avanzada, hay que pensar que el movimiento de reforma está destinado a prevalecer.

§ 12. Proceso oral y función de la escritura en el proceso: la aproximación de la técnica procesal moderna en las tres familias de *civil law*, de *common law* y de derecho socialista

Ciertamente, oralidad no significa, ni siquiera en los países donde la idea es acogida de la manera más corriente, abolición total de la escritura como instrumento de comunicación entre los sujetos, privados y públicos, del proceso. Oralidad significa solamente, como vengo repitiendo, que el proceso culmina en una audiencia oral, en la cual el juez oye oralmente a los testigos y eventualmente también a las partes[10]. Pero esta audiencia oral, lo mismo en los países europeos que en los Estados Unidos de América o en Inglaterra, debe ir precedida normalmente y preparada por una fase *pre-trial,* y en esta fase es absolutamente normal que el instrumento principal de comunicación no sea la palabra pronunciada de viva voz, sino la escritura. Así como en la *pre-trial phasis* del proceso americano o inglés, las partes se intercambian o depositan en el tribunal de *pleadings* escritos, así en

---

[10] Sobre este concepto de "oralidad" véanse, entre otros, CHIOVENDA, G., "Sul rapporto tra le forme del procedimento e la funzione della prova (l'oralità e la prova), en *Saggi di diritto processuale civile, de* G. CHIOVENDA, II, Roma, 1931, p. 208; COUTURE, E. J., "Las reglas de la sana crítica en la apreciación de la prueba testimonial", en *Estudios de Derecho Procesal Civil,* II, Buenos Aires, 1942, p. 202; WACH, A., "Mündlichkeit und Schriftlichkeit" en *Vorträge über die Reichs-Civilprocessordnung,* Bonn, 1879, p. 1; CAPPELLETTI, *La testimonianza della parte,* I, cit. pp. 15 y ss., 103 y ss., 187 y ss., con amplias referencias bibliográficas.

los procesos austriaco, alemán, suizo, italiano, soviético, etc., la audiencia oral de debate está precedida por una fase instructoria o preparatoria en la cual las partes presentan los escritos y contra-escritos en que se presentan los escritos y contra-escritos en que se precisan los términos de hecho y de derecho de la litis.

Como se ve, también aquí la semejanza entre el procedimiento europeo moderno y el de los países del *common law* es bastante acentuada. Naturalmente, se trata de una semejanza de fondo, mientras en los aspectos particulares y en los institutos singulares las diferencias son, en cambio, muchísimas y a menudo radicales, pero, naturalmente, no pueden ser tomadas en examen analítico en estas páginas. Por ejemplo, el *trial* americano, y no obstante recientes reformas, está todavía mucho más rígidamente vinculado a los *pleadings* de lo que lo pueda estar la *mündliche Hauptverhandlung* [debate principal oral] de los procesos austriaco y alemán: la fase *pre-trial* conserva, en suma, mucho más en el proceso norteamericano que en el proceso de algunos países europeos, aquel carácter formal y hasta formalístico que era propio de la vieja *litis-contestatio* del proceso italiano-canónico común. Y también entre las varias naciones europeas, incluso europeo-occidentales, las diferencias son grandes y numerosas si se dirige la vista a los aspectos particulares. Piénsese, por ejemplo, que la fase *pre-trial* comprende en Italia, a diferencia de Austria, de Alemania y de otros varios países, también la asunción de las pruebas, la cual normalmente tiene lugar también oralmente, pero ante uno solo de los tres miembros del tribunal. Pero éste es ciertamente un grave defecto del sistema italiano, porque es claro que la oralidad debería realizarse no solamente frente a uno sino más bien frente a todos los medios del órgano juzgador; mientras en cambio en el sistema italiano (y, con notables diferencias y dentro de ciertos límites, también en el sistema francés), ocurre que aquellos miembros, los cuales no han asistido a la asunción de las pruebas, terminarán por deber juzgar, más bien que sobre la base de una convicción formada en el contacto directo con los testigos y los otros medios de prueba, sobre la base de lo que a ellos referirá, por escrito u oralmente, el "juez instructor" en Italia, el *juge chargé de suivre la procédure* o el *juge des mises en état* en Francia[11].

[11] En *juge des mises en état* ha sustituido, después de la reforma de octubre de 1965, al *juge chargé de suivre la procédure* en algunos tribunales franceses.

Pero aparte las muchas diferencias en cuanto a los aspectos particulares, queda siempre el hecho de que el movimiento reformador que se viene verificando desde hace al menos un siglo en numerosos países europeos tiende donde quiera que sea hacia una *dirección común,* que es la de realizar un sistema procesal oral en lugar de escrito. Y es importante para nosotros aquí, sobre todo, destacar el hecho de que este fenómeno puede considerarse como un factor ulterior de aproximación entre los sistemas modernos de la Europa continental y los anglosajones[12]. Además, a diferencia de lo que se ha dicho respecto del principio dispositivo (*supra,* parte I), no se tiene aquí un factor de diferenciación entre los sistemas occidentales de *civil* y de *common law,* de un lado, y los sistemas de la Europa oriental (comunistas) de otro lado. Porque incluso, bajo ciertos aspectos, la tendencia hacia la oralidad puede considerarse en estos últimos sistemas todavía más acentuada que en los otros países europeos; y es ciertamente mucho más acentuada[13], que, por ejemplo, en Francia, o en Italia, sin hablar ya del sistema procesal español.

§ 13. Proceso oral y poderes judiciales de dirección y de control formal del proceso: oralidad y publicización

Pero volvamos ahora a la idea de la "publicización" del Proceso Civil.

---

[12] Cfr. SERENI, A. P., "L'assistenza giudiziaria internazionale in materia civile con speciale riferimento alle relazioni italo-statunitensi", en *Riv. trim. dir. e proc. civ.,* 1961, p. 757: "La adopción, aunque sea parcial, de los principios de concentración e inmediación del proceso en varios sistemas procesales de la *civil law,* por un lado, y por el otro, la modificación del sistema de los *pleadings* y la institución de la *pretrial phasis,* por lo menos en el procedimiento federal estadounidense, tienden a crear una notable aproximación entre los dos tipos de proceso".

[13] Como ha destacado, por ejemplo, DAVID, en DAVID, R. / HAZARD, J. N., *Le droit soviétique,* t. I: *Les dones fondamentales du droit soviétique* por DAVID, R., Paris, 1954, p. 208. Véase, a tal respecto, lo que dispone el art. 146, segundo apartado, de Código de Procedimiento Civil de la R.S.F.S.R., de 1964 ("las causas civiles se discuten oralmente") y el art. 4 del Código de Procedimiento Civil yugoslavo de 1956 ("El tribunal decide normalmente la causa en base a una sustanciación oral, no interrumpida y pública). La vigente Constitución checoslovaca, por ejemplo, dispone explícitamente la publicidad y oralidad de las audiencias judiciales: "Las audiencias de todos los tribunales son, de ordinario, orales y públicas; pueden desarrollarse a puerta cerrada solamente en los casos dispuestos por la ley" (art. 103, apartado 2°); análogamente dispone el art. 111 de la Constitución de la U.R.S.S.

Esta idea está vinculada, hasta cierto punto, a la de la oralidad. Si el proceso, o al menos la parte culminante del mismo, ha de desarrollarse a presencia del juez; en suma, si el juez debe ser una persona *del* proceso no solamente una persona (o un colegio de personas) que juzga *al final* del proceso, entonces es también necesario que al juez le correspondan ciertos poderes de *dirección* y de *control* del proceso mismo o por lo menos del debate público, del *trial*.

Cualquier jurista europeo que asista a un *trial* en las Cortes inglesas quedará impresionado por el extraordinario respeto y deferencia hacia la Corte de los abogados, de las partes y de los testigos. El juez inglés, aun sin entrar "en la arena", aun permaneciendo "por encima de la arena", controla y dirige con gran autoridad y con poderes excepcionalmente vastos, y a menudo ampliamente discrecionales, el desarrollo *formal* del debate[14]. En este el grado de "publicización" que la oralidad pretende. Hemos visto ya que el sistema de la escritura nació por la desconfianza en la imparcialidad y equidad del juez: pues bien, el sistema de la oralidad pretende, en cambio, para poder funcionar adecuada y suficientemente, un juez que tenga los poderes, y sepa usar imparcial y hábilmente los poderes, de dirección y control del proceso y en particular del debate, lo cual no tendría sentido común si no fuese ordenado, rápido, "concentrado". Si se examina, por ejemplo, el sistema de Derecho Procesal Civil austriaco tal como surgió de la *ZPO* de 1895, y se lo compara con el sistema austriaco anterior al del Código, se verá que en el nuevo sistema el juez civil ha dejado de estar "fuera" del proceso, y que sus poderes de dirección y de control

[14] ODGERS, *Principles of Pleading and Practice in Civil Actions in the High Court of Justice,* 19th ed. by HARWOOD, G. F., London, 1966, pp. 12, 59, 257, 273 y ss.; cfr. También GORLA, G., "Procedimenti sommari nel diritto anglo-americano", en *Riv. dir. proc.,* 1967, pp. 60-61. Véase sin embargo COHN, E., "Zur Ideologie des Zivilprozessrechts", en *Erinnerungsgabe für Max Grünhut,* Marburg, 1965, pp. 42 y ss.; quien niega el fundamento de la difundida "leyenda" de la "despótica dirección procesal del proceso" por parte del juez inglés; sin embargo, la argumentación de COHN parece aquí quizá más polémica que fundada, aun cuando es verdad que de sus poderes de *master* y el juez inglés no hacen uso frecuente en muchos procesos, y esto sobre todo en virtud de un bien ordenado, eficientísimo sistema de poderes y de deberes recíprocos de las partes que hace por lo general superflua la directa intervención del juez; cfr. sobre el tema, el propio COHN, "Zur Wahrheitspflicht und Aufklärungspflicht der Parteien im deutschen und englischen Zivilprozessrecht", en *Festschrift für Fritz von Hippel,* Tübingen, 1967, especialmente a pp. 59-61.

están, por tanto, notablemente aumentados. Un aumento similar de los poderes del juez no existía, todavía, en la *ZPO* alemana de 1877, pero esto se ha señalado bien pronto como un grave defecto, a causa del cual se hacía muy difícil una realización coherente del principio de la oralidad también auspiciada en aquel Código; pero aquel defecto ha sido eliminado en las modificaciones que se han sucedido especialmente en el curso de nuestro siglo[15]. También las recientes reformas francesas de 1958 y de 1965 han aumentado los poderes de dirección y de control del juez, aunque, quizá, un tanto inorgánicamente. Amplios poderes de dirección y de control corresponden al juez civil suizo tanto en base a la gran mayoría de los Códigos cantonales como en base al nuevo Código de Procedimiento Civil federal: en las numerosas legislaciones de Suiza es, pues, evidente el fenómeno -que se ha ido manifestando en escala más amplia, en toda Europa- de un aumento de los poderes del juez y, respectivamente, de una cierta limitación de los poderes procesales de las partes.

§ 14. Publicización del proceso y publicización de los hechos del proceso: solución del problema planteado en el § 9 *supra*

Es este, precisamente, el fenómeno de la "publicización" del Proceso Civil que se hacía necesario considerar aquí. Pero esto era necesario también y sobre todo para poner en guardia contra el peligro de confundir la publicización, de la que aquí hemos hablado y que se refiere exclusivamente al Poder Judicial de dirección y de control del proceso (*"judicial power to direct the proceedings"*) [facultad judicial para dirigir el procedimiento] con la mucho más radical publicización, que comprende *también el derecho sustancial* y, por consiguiente, el *objeto* del proceso, y que incide, pues, sobre el "principio dispositivo" (cfr. *supra,* parte I). Hemos estudiado ya, en la parte anterior, este fenómeno (y hemos visto que el mismo no aparece en los vigentes sistemas de la Europa occidental, mientras representa, en cambio, uno de los rasgos característicos fundamentales del Proceso Civil de los países socialistas); no es del caso, por consiguiente, volver sobre cosas ya dichas. Basta subrayar aquí el hecho de que los poderes judiciales de dirección y

---

[15] Véanse ROSENBERG, L. / SCHMIDT, R. y los otros autores citados en nuestra *Testimonianza della parte nel sistema dell'oralità,* II, Milano, 1962, pp. 536-540.

control del proceso no implican necesariamente, sin más, también un poder del juez de violar el principio dispositivo, ni los consiguientes principios de demanda y de la excepción de parte, etc. En los sistemas europeos occidentales, los poderes de dirección y control del juez tienen, en suma, de igual manera que tienen por ejemplo, en Inglaterra, carácter *meramente formal* (y de ahí que se hable, precisamente, en una "*formelle* Prozessleitung"), esto es, se refieren solamente al *desarrollo técnico y formal* del proceso; los mismo no permiten nunca, sin embargo, al juez sobreponer su propia voluntad a la de las partes *en la determinación del objeto material del proceso,* la cual se deja, pues, completamente a la voluntad monopolística de las partes privadas; en lo cual consiste, precisamente, el principio dispositivo entendido propiamente.

§ 15. Inquisitoriedad del proceso y examen de los testigos y de las partes por obra del juez o de los defensores

También esta segunda parte de nuestra investigación podría concluirse por eso con la renovada observación de que sería inexacto definir los sistemas procesales de la Europa occidental como *inquisitorios* (véase *supra,* parte I, § 7). En efecto, no se puede definir como inquisitorio un sistema sólo por el hecho de que los amplios poderes de dirección y control del proceso correspondan al órgano judicial; en otro caso habría que considerar que es más inquisitorio el sistema inglés, por ejemplo, que el italiano, dado que parece cierto que al juez inglés le corresponden, en la dirección formal del proceso, poderes mayores y autoridad mucho mayor que al juez civil italiano, y poderes probablemente no menores que al juez francés, aun después de las recientes reformas de 1958 y de 1965.

Hay que admitir, sin embargo, que una reserva debe hacerse al menos por lo que se refiere a los dos aspectos del problema de la "publicización" y, por consiguiente, de los poderes procesales del oficio judicial.

El primer aspecto, que pasaremos inmediatamente a examinar, es el que concierne al interrogatorio de los testigos y de las partes. El segundo aspecto, del cual trataremos en los tres parágrafos siguientes, se refiere a la que ha sido denominada la "socialización" del Proceso Civil así como, en particular, a la asunción *ex officio* de las pruebas.

En el Proceso Civil inglés y norteamericano, tratándose del examen de los testigos y de las partes, el juez, aun teniendo el poder de formular preguntas, hace normalmente un uso muy limitado de tal poder; en suma, el interrogatorio es llevado predominantemente por los abogados, con la técnica de la *examination* y *cross-examination.* En cambio en los países europeo-continentales la regla es que las preguntas son formuladas por el juez y sólo previa autorización del juez las partes o los defensores de las partes, que asisten al interrogatorio, pueden formular preguntas singulares. Es ésta una de las diferencias más marcadas entre un *trial* inglés y americano y una audiencia oral de sustanciación (*mündliche Verhandlung*) [debate oral] austriaca o alemana y de otros países europeos. También en Italia es normalmente el juez instructor el que formula las preguntas a los testigos, y similarmente ocurre en Francia.

Sin embargo, esta diferencia que impresiona profundamente al *practitioner* inglés o americano que asiste a un debate en Europa, de igual manera que impresiona profundamente al abogado europeo que asiste a un *trial* inglés o americano, es una diferencia menos profunda de lo que a primera vista puede parecer. En efecto, también en los sistemas procesales civiles de la Europa occidental (pero no así en los de la Europa oriental), el juez formula las preguntas *ex officio,* pero estas preguntas deben permanecer siempre dentro de los límites de la *"res in iudicium deducta",* o sea dentro de los límites del objeto del proceso y de los hechos relevantes respecto del objeto del proceso; y hemos visto ya que el objeto del proceso depende de la monopolítica voluntad de las partes. Veamos, por ejemplo, lo que sucede en el proceso italiano. Ante todo, depende como regla general de la libre iniciativa de las partes el pedir la asunción de una prueba testimonial e indicar los sujetos que podrán ser interrogados como testigos; en efecto, el juez no puede, de ordinario, asumir de oficio la prueba testimonial. Pero de las partes depende también la indicación específica de los hechos singulares sobre los cuales los testigos, indicados por ellas, deberán ser interrogados. Es verdad que el interrogatorio lo hará después el juez; pero este deberá limitarse a interrogar a los testigos sobre *aquellos hechos* que las partes han indicado anteriormente. ¡Nada de inquisición! La razón de este sistema debe verse históricamente en el temor de que las preguntas, si son formuladas por las partes mismas o por los defensores, pueden ser sugestivas, y capaces en suma de impresionar al testigo o de perturbar su serenidad y objetividad. Es esta la principal razón por la que se ha preferido, y por muchos juristas europeos se prefiere hoy todavía, el método de confiar el interrogatorio al juez, quien evitará toda pregunta capciosa, sugestiva y parcial. La crítica que se puede hacer a este método es, en todo caso, la de ser demasiado poco penetrante y, en cierto sentido, demasiado poco "inquisitorio", si es verdad que este término viene del latín *inquirire,* que quiere decir *buscar*. Puesto que las partes (y sus defensores) conocen las más de las veces las circunstancias de hecho mucho mejor de lo que las pueda conocer el juez en el inicio del examen de los testigos, es muy probable que las partes y sus defensores, estimulados también por el interés personal, estén en grado de obtener del examen frutos mucho mayores de los que los que pueden derivar de un interrogatorio conducido por el juez. Antes de la Revolución francesa, cuando en Francia y en otros lugares de Europa el interrogatorio de los testigos no sólo era o podía ser conducido por el juez (o por otros oficiales públicos) sino que era o podía ser conducido *en secreto,* entonces sí que podían existir graves peligros de inquisitoriedad. No así hoy, puesto que el interrogatorio tiene lugar públicamente, en la audiencia pública o por lo menos en presencia de las partes y de los defensores, que pueden señalar y oponer cualquier irregularidad.

§ 16. Igualdad formal e igualdad sustancial de las partes en el proceso: la "democratización" o "socialización" del Proceso Civil y su relación con el principio dispositivo

Con todo esto no se quiere negar que en ciertos aspectos del procedimiento civil de la Europa continental, se puede encontrar algún fundamento a la tesis que ve en ella un sistema menos *contentious* o sea, en cierto sentido más "inquisitorio" que los sistemas de los países de *common law.* Al menos en la fase *pre-trial,* que en el ordenamiento inglés se desarrolla bajo la dirección del *Master,* las partes tienen en Inglaterra, y todavía más en Norteamérica, una mayor libertad de movimientos que, por ejemplo, en los procesos austriaco o alemán: baste recordar el hecho de que dentro de ciertos límites las partes pueden, si están de acuerdo, prolongar los términos, lo que normalmente no podrían hacer en Austria ni en otros lugares[16]. Además, el Proceso Civil inglés y americano asume un carácter más "contentious", más "litigatory", también por el hecho de que existen ciertos institutos (*interrogatories,* etc.), en virtud de los cuales el abogado de la parte puede invitar o directamente constreñir a la otra parte, o a los testigos de la otra parte, a encontrarse con él, a menudo en su despacho, para ser interrogados antes del *trial.* Esta y semejantes posibilidades contribuyen ciertamente a dar al Proceso Civil anglosajón, y especialmente al americano, un aspecto más dramático, más "litigatorio"; la función de las partes y de sus defensores asume un aspecto más intuitivo y más dinámico: es una verdadera y propia lucha entre las partes (y entre los defensores), en la cual presumiblemente tiene gran importancia la habilidad personal de las partes y sobre todo de los defensores.

El proceso inglés, y sobre todo el norteamericano, conserva en suma un aspecto más *individualístico* -y esto también en el *trial,* obviamente; basta pensar que la *examination* es precisamente conducida de manera preferente por los abogados en una especie de juego dialéctico- que el de los países de la Europa continental o al menos de alguno de estos países, y aludo sobre todo al sistema austriaco y a aquellos que están más próximos a él. En el sistema austriaco, nacido con la *Zivilprozessordnung* de 1895, se ha tratado de atenuar aquel aspecto individualístico (sin abolir, sin embargo, como ya se ha dicho, el principio dispositivo y los otros principios que de él derivan). Se ha hablado, a este respecto, más que de una "publicización", de una "democratización" o directamente de una "socialización" del Proceso Civil; en el sentido de que se ha tratado de hacer *efectiva* la igualdad de las partes, atenuando las consecuencias que podrían derivar del hecho de que una parte y su *counsel* sean menos hábiles, menos ágiles, menos astutos que la parte adversaria y su defensor. "After all, the fruits of victory should go, not to the party with the better lawyer or the more diligent investigator, but to the party with the better cause" [a fin de cuentas,

---

16 Abel, P. / Bresch, M., "Grundsätze des österreichischen und englischen Zivilprozesses in vergleichender Darstellung", en la *Festschrift zur Fünfzigjahrfeier der österreichischen Zivilprozessordnung,* 1898-1948, Wien, 1948, p. 8.

los frutos de la victoria deberían corresponder, no a la parte que cuente con el mejor abogado o con el investigador más diligente, sino a la parte que sostenga la causa más justa][17].

También este, por lo demás, es un intento antiguo, porque ya en el proceso romano, y también en algunos tipos de procesos "sumarios" medievales, se ha tratado de atribuir al juez ciertos poderes que tenían la finalidad de "suplir" a la incapacidad y a las pautas y errores de las partes o de los defensores: *ad supplendum defectum advocatorum.* La preocupación de Franz KLEIN era declaradamente la de crear un Proceso Civil en el cual la parte menos hábil, menos culta; menos rica (y, por consiguiente, menos en grado de pagar un hábil defensor), se encontrase, sin embargo, en pie de efectiva y no solamente formal igualdad con el adversario. Los institutos del patrocinio gratuito para los pobres, que naturalmente existen también en los países europeos, no bastan a aquel fin; no bastan para ello ni en Europa ni en América, donde un conocido jurista ha escrito recientemente que el más importante mensaje que el estudioso de Derecho Comparado tiene el cometido de difundir en los Estados Unidos es que "even in the most dictatorial country of the civil-law orbit, the *'little man'*, in many ways, has had access to the judge and justice more readily and more effectively than in this country" [hasta en el país más dictatorial de la órbita del Derecho Civil, el "hombre pequeño" ha tenido, de muchas maneras, un acceso más rápido al juez y a la justicia que en este país][18].

Varias normas e institutos del Código austriaco y hoy, por ejemplo, también del Código federal suizo, se inspiran en aquel fin que, en cambio, ha permanecido extraño en principio, hasta ahora, a la legislación procesal española y también, en parte, a la italiana y a la francesa: esto es, el fin de *hacer efectiva la igualdad de las partes* en el Proceso Civil y evitar a ellas en lo posible el riesgo de sucumbir a causa

---

17 WHITEHEAD, R., citado por BODIN, H. S., "Marshalling the Evidence", en *Selected Writings on the Law of Evidence and Trial* (edited by FRYER, W. T., St. Paul, Minn., 1957, p. 12 en nota).

18 Así A. A. EHRENZWEIG, en la recensión a SCHLESINGER, R. B., en *The Yale Law Journal,* 69 (1959-60), p. 363. Se han manifestado, sin embargo, en los Estados Unidos, en los años más recientes, algunos notables desarrollos en esta materia. Cfr. especialmente *Gideon v. Wainwright,* 372, U.S. 335 (1963); Notas, "Effective Assistance of Counsel For the Indigent Defendant", en *Harvard Law Review,* 78 (1964-65), pp. 1434 y ss.

de irregularidades formales de su conducta procesal o a causa de dificultades o "trampas" técnicas del proceso. Se puede pensar, por ejemplo, en el art. 3, apartado 2°, del Código federal suizo, en el cual se establece que "el juez no puede ir más allá de las conclusiones de las partes, ni puede fundar su juicio sobre hechos diversos de los que han sido alegados (por las partes) en su instancia. Sin embargo, debe llamar la atención de las partes sobre las lagunas de sus conclusiones e invitarlas a especificar de manera completa los hechos y las pruebas necesarias para hacer que resulte la verdad. A este fin, el juez puede, en cualquier estado de la causa, convocar e interrogar a las partes personalmente". Esta disposición del Código suizo es de excepcional interés porque expresa con gran claridad, de un lado -en la premisa- el principio de que el juez está vinculado a permanecer en el ámbito de las conclusiones y de los hechos alegados por las partes (principio dispositivo), y de otro lado el principio de que, sin embargo, el juez puede, e incluso debe, advertir a la parte las irregularidades o deficiencias de sus conclusiones y alegaciones; en suma, puede ejercitar aquella función *supletoria* o *auxiliar*; "richterliches Ergänzungsamt" [función complementadora del juez] de la cual se ha hablado más arriba. En otros términos, el juez no es solamente un árbitro que vigila la observancia de las "reglas del juego", sino que es un sujeto que puede y debe intervenir activamente a fin de evitar que una parte pierda la litis a causa de su escasa habilidad, y no en virtud de su falta de razones válidas. A este respecto, y quizá con una cierta exageración, Franz Klein ha hablado del Proceso Civil como de una *Wohlfahrtseinrichtung* [institución de beneficencia][19], o sea de un instituto dirigido a promover el bienestar colectivo; y se ha hablado consiguientemente de una función *asistencial* y también de una "*materielle* Prozessleitung" [dirección *material* del proceso] del juez. En un libro escrito algún decenio después de la entrada en vigor del Código austriaco, Klein ha afirmado[20] que respecto de todo lo que se refiere al Estado, existen fundamentalmente tres "puntos de vista": el de la autoridad dominante, el del individuo singular y el de la colectividad; y según el punto de vista predominante, también los

---

19 Klein, F., *Zeit und Geistesströmungen im Prozesse,* 1901, reimpresión 1958 al cuidado de Wolf, E., Frankfurt a. M., pp. 25, 26, 29.

20 Klein, F. / Engel, F., *Der Zivilprozess Oesterreichs,* Mannheim-Berlin-Leipzig, 1927, pp. 186 y ss.

institutos asumen una coloración diversa. Individualizó, por consiguiente, en la historia del Derecho Procesal Civil tres tipos de sistemas: un primer tipo -el ordenamiento procesal autoritario, dominado por la exclusiva consideración del "punto de vista" de la autoridad dominante- que puede contemplarse, por ejemplo, en el proceso tardo-romano y justiniano; un segundo tipo, inspirado en una ideología individualística, que se puede ver en el tardo proceso común (proceso "común" alemán, austriaco, etc., hasta las codificaciones del siglo pasado) y también en el proceso francés e italiano hasta la época en que el autor escribía; y finalmente un tercer tipo, que es el que el propio KLEIN ha elaborado, y que ha sido adoptado precisamente por el legislador austriaco en 1895. Este último tipo está inspirado, según la fórmula de KLEIN, en el "punto de vista *colectivo*".

Pero nosotros hemos visto -y es importante recordarlo de nuevo- que el Código austriaco lo mismo que el federal suizo y otros hoy en vigor en la Europa occidental, aun cuando acogen este último "punto de vista", no lo llevan, sin embargo, hasta el extremo de renegar del principio dispositivo, o sea del señorío de las partes privadas en la determinación de las conclusiones y de los hechos sobre los cuales el juez debe juzgar, y por consiguiente en la determinación del objeto del proceso. Es cierto que, como se ha dicho, el juez puede hacer presente a la parte que en sus conclusiones o en sus alegaciones hay alguna laguna o irregularidad e invitarla a poner remedio a aquellas lagunas e irregularidades. Pero se trata siempre y solamente de una mera *invitación,* dirigida simplemente a *ayudar* a la parte que, por inhabilidad o por alguna otra razón ha caído en error, pero no entendida nunca como dirigida a *obligarla,* a comportarse de un determinado modo, ni a sustituir la voluntad del juez a la libre disposición de la parte en todo lo que se refiere a la determinación del objeto de juicio.

§ 17. (Continuación). Analogía con los desarrollos del Proceso Civil socialista

Esta tendencia hacia la "socialización" del Proceso Civil, que, como hemos visto en el parágrafo anterior, constituye una característica de las leyes procesales de algunos países de la Europa occidental -comenzando, sobre todo, por Austria- representa naturalmente una de las ideas centrales de todos los sistemas procesales pertenecientes a la familia jurídica socialista.

Procedamos a examinar, por ejemplo, el Código de Procedimiento Civil de la República Socialista Federativa Soviética de Rusia, de 1964. El art. 33, 3° apartado de tal Código establece que "las partes tienen iguales derechos procesales"[21]; pero para comprender plenamente la importancia de tal norma es necesario relacionarla con otra disposición de aquel Código, contenida en el art. 14, 2° apartado, en la que se impone al tribunal el "*deber* de explicar a las personas que toman parte en la causa sus derechos y sus deberes, advertirles las consecuencias del cumplimiento o de la falta de cumplimiento de actos procesales y de colaborar con dichas personas en la realización de sus derechos"[22].

Así como se ha podido notar a propósito de la publicización y de la oralidad del proceso, también la tendencia hacia la "socialización" del Proceso Civil representa, pues, una dirección común tanto de los países de la Europa occidental, o por los menos a numerosos de ellos, como a los de la Europa oriental; dirección no del todo extraña tampoco a los sistemas jurídicos de *common law,* especialmente en ciertas de sus evoluciones más recientes[23], aun cuando en éstos, especialmente

---

[21] Una disposición similar se contiene, por ejemplo, en el art. 18 del Código de Procedimiento Civil checoslovaco de diciembre de 1963 (en vigor desde el 1° de abril de 1964).

[22] Una disposición análoga se contiene en el art. 5 del Código de Procedimiento Civil checoslovaco; en el art. 5 del Código de Procedimiento Civil polaco del 17 de noviembre de 1964, en vigor desde el 1° de enero de 1965; en el art. 10 del Código de Procedimiento Civil yugoslavo de 8 de diciembre de 1956, en vigor desde 1957. Para un análisis del deber judicial a que se refiere el art. 14, segundo párrafo, del Código de Procedimiento Civil ruso, cfr. SHCHAKARJAN, M. S., en *Nauchno-prakticheskij kommentarij k GPK RSFSR,* al cuidado de KALLISTRATOVA, R. F. y PUCHINSKIJ, V. K., Moskva, 1965, p. 30 (obligación del juez de indicar a las partes de qué pruebas se considera necesaria la presentación; de emitir *ex officio* las providencias cautelares oportunas para asegurar la ejecución de la sentencia pronunciada; de informar a las partes de su derecho de comprometer en árbitros la litis, etc.).

[23] Por ejemplo, el instituto del patrocinio gratuito para la parte pobre parece haberse desarrollado en Inglaterra en un grado muy superior que en cualquier país de la Europa occidental. En Inglaterra y en Gales, en 1964, de 179,966 procedimientos ante la *High Court of Justice,* no menos de 48,935 partes tuvieron el beneficio del *legal aid* (cfr. *Judicial Statistics, England and Wales, Civil Judicial Statistics,* London, 1965, pp. 3 y 50; sobre el *legal aid* en Inglaterra, cfr. también MARSH, N. S., "Aid and the Rule of Law.: A Comparative Outline of the Problem", en *Journal of the International Commission of Jurists,* 1959-1960, p. 115). Algún reciente movimiento en este sector se puede observar también en los Estados Unidos de América: cfr. *supra,* nota 18.

en América, el carácter individualístico del proceso sigue estando, sin embargo, fuertemente arraigado.

Subsiste naturalmente, sin embargo, en este campo, una diferencia de grados muy fuerte entre los sistemas occidentales y los de la Europa oriental, en los cuales es mucho más pronunciada la acentuación de cada tipo de poder judicial de iniciativa, con la finalidad de garantizar la efectiva paridad de las partes y la "socialización" del proceso.

§ 18. Iniciativas probatorias del juez e inquisitoriedad del proceso

Un campo en el cual los poderes del juez civil, en algunos sistemas europeo-occidentales, asumen una amplitud que a los juristas de *common law* les puede parecer quizá también excesiva, es el de la asunción de las pruebas.

En Italia, el juez no puede asumir *ex officio* la prueba testimonial ni la documental, pero puede disponer de oficio una inspección de lugares y puede ordenar una peritación; en Austria, incluso la prueba testimonial puede ser dispuesta por el juez sin instancia de parte y así también en Francia después de la reforma del 22 de diciembre de 1958 y lo mismo debe decirse en cuanto al Proceso Civil suizo en base al Código federal de 4 de diciembre de 1947 (art. 37). Esto produce asombro a muchos juristas anglo-americanos, aun cuando autores como WIGMORE[24] MC CORMICK[25] afirman también en los Estados Unidos un poder judicial de llamar testigos sin instancia de parte: tesis esta que ha sido siempre, en verdad, escasamente seguida por la jurisprudencia norteamericana en materia civil, y ha sido desmentida por la *Court of appeal* inglesa[26].

Obsérvese, sin embargo, una vez más, que el juez austriaco, suizo y de los otros países de la Europa occidental, aun cuando puede disponer de oficio un medio de prueba, no lo puede hacer, sin embargo, más que al objeto de indagar si los hechos, *espontáneamente, libremente alegados por las partes,* son verdaderos. No puede, en cambio -a diferencia de los jueces de los países de derecho socialista- disponer

24 WIGMORE, J.H., *A Treatise on the Anglo-American System of Evidence in Trials at Common Law,* Boston, 1940, IX, pp. 268-269.

25 MCCORMICK, *Handbook,* cit. p. 14.

26 Como puede leerse en PHIPSON, S. L., *On Evidence,* 10th ed. by ARGYLE, MICHAEL V., London, 1963, pp. 606-607.

ex officio medios de prueba al objeto de descubrir hechos jurídicos diversos de los alegados por las partes: no puede, por ejemplo, llevar a cabo de oficio investigaciones al objeto de descubrir si un derecho del actor ha prescrito ya, a menos que la prescripción haya sido espontáneamente hecha valer por el demandado. Como ya se ha explicado (*supra,* parte I), es pues la consecuencia de aquel principio de la excepción de parte que es a su vez expresión del principio dispositivo. Por eso, como ya se ha insistido, nos parece que, propiamente hablando, no es exacto referirse a un "inquisitory system of litigation" [sistema inquisitorio de litigación] dado que el principio inquisitorio es precisamente, hablando técnica y propiamente, lo contrario o sea la negación de principio dispositivo, que continúa, en cambio, siendo válido en el procedimiento civil de la Europa occidental. Agréguese, finalmente, que en la práctica, es más bien poco frecuente asumir pruebas de oficio, dado que es raro y anormal que la parte que alega un hecho favorable a ella no pida también la asunción de los medios de prueba dirigidos a demostrar su verdad.

§ 19. "Moralización" del Proceso Civil: el deber de verdad de las partes

Un último aspecto de la "publicización" o como también se ha dicho, de la "moralización" del Proceso Civil en algunos países de la Europa occidental -aspecto que corresponde también a otros análogos, si bien más acentuados, desarrollos de los países de derecho socialista[27]- se refiere a la introducción de un "deber de lealtad y de probidad" de las partes y de sus defensores en el proceso, y en particular a la introducción de un *deber de verdad*: esto es, el deber de la parte (y de su defensor), de *no alegar* hechos que sepa que son falsos, y de *no negar* hechos (alegados por el adversario) que sepa son verdaderos[28].

---

[27] Cfr., por ejemplo, el art. 3, parágrafo 1, Cód. Proc. Civ. polaco, el art. 101, primer apartado, Cód. Civ. checoslovaco; el art. 8 Cód. Proc. Civ. yugoslavo; el art. 30, segundo apartado, del Cód. Proc. Civ. de la R.S.F.S.R. (que sin embargo, habla genéricamente de un deber de buena fe).

[28] Sobre el más amplio significado del deber de verdad en el proceso socialista, en el cual tal deber se concibe como un instrumento para alcanzar la exigencia esencial de la "verdad objetiva" (*infra,* parte III, § 27), cfr. nuestro estudio "Interrogatorio della parte e principi generali nel processo civile della Germania Orientale e dell'Unione Soviética", en *Riv. dir. proc.,* 1959, pp. 45, 51 y ss., y referencias que allí se hacen.

Un deber de este género era conocido en el proceso clásico romano, y todavía en el medioevo sobrevivían ciertos institutos (como el *ius iurandum calumniae*)[29], que estaban dirigidos a impedir a la parte comportarse de mala fe respecto del adversario. En el proceso italiano-canónico y común, aquellos institutos terminaron, sin embargo, por perder en gran parte el antiguo vigor.

La doctrina procesalística europea del siglo pasado, y todavía la de nuestro siglo, ha discutido ampliamente el problema de la oportunidad de introducir en las nuevas leyes procesales un deber de buena fe, y especialmente un deber de verdad. Procesalistas de gran fama y valor como, en Alemania, Adolf WACH[30] y Richard SCHMIDT[31], o como Piero CALAMANDREI[32] y Enrico REDENTI[33] en la doctrina italiana de este siglo, han combatido el deber de verdad, considerándolo un instituto inquisitorio y contrario a la libre disposición de las partes, un "instrumento de tortura moral" contra la parte en el Proceso Civil. Pero hoy en día, la doctrina europea tiende, predominantemente, a considerar esta concepción como un reflejo procesal de la ideología individualística, del "laissez faire"; y tiende, consiguientemente, a afirmar la oportunidad y la moralidad de un deber de verdad de las partes en el Proceso Civil, y su conciliabilidad con el principio dispositivo[34].

En efecto, ya el Código austriaco de 1895 afirmó explícitamente, y fue el primero entre las modernas leyes procesales europeas, la

---

29 Sobre el *iusjurandum calumniae,* véase, por ejemplo, WETZELL, G. W., *System des ordentlichen Civilprozesses*³, Leipzig, 1878, pp. 312 y ss.

30 WACH, A., *Grundfragen und Reform des Zivilprozesses,* Berlin, 1914, pp. 31 y ss.

31 SCHMIDT, R., "Die Lüge im Prozess", en *Deutsche Juristen-Zeitung,* 1909, col. 39 y ss.; ID., *Eine Replik zur Frage der Prozesslüge, ibidem,* cols. 255 y ss.

32 CALAMANDREI, P., "Sul progetto preliminare Solmi", en *Studi sul processo civile,* IV, Padova, 1939, pp. 116 y ss., 148 y ss., especialmente a pp. 168 y ss., y ahora en *Opere Giuridiche,* de P. CALAMANDREI (al cuidado de M. CAPPELLETTI), I, Napoli, 1966, pp. 306 y ss., 332 y ss., especialmente a pp. 350 y ss.; ID. "Il processo come giuoco", en *Studi sul processo civile,* VI, Padova, 1957, pp. 64-66 y ahora en *Opere giuridiche,* I, cit., pp. 556-558.

33 REDENTI, E., "L'Umanità nel nuovo processo civile", en *Riv. dir. proc. civ.,* 1941, parte I, pp. 30 y ss.

34 Cfr., entre tantos, ALCALÁ-ZAMORA Y CASTILLO, N., *Proceso, Autocomposición y Autodefensa,* México, 1947, pp. 211 y ss., y en cuanto a la mejor doctrina latinoamericana, ya COUTURE, E. J., *El deber de decir la verdad en juicio civil,* Montevideo, 1938.

existencia de un deber de verdad, y lo mismo ha ocurrido, por obra de una modificación de 1933, en el Código alemán. También el Código federal suizo afirma explícitamente dicho deber; mientras el Código italiano se limita a hablar genéricamente de un "deber de lealtad y de probidad" (art. 88). Nada dicen al respecto, en cambio, las leyes procesales española y francesa.

Es interesante, de todas maneras, observar que, especialmente en el Proceso Civil inglés, pero también en el norteamericano, no sólo existe un deber de las partes de decir la verdad, sino que este deber está sancionado con penas y garantías mucho más precisas y más severas que en Austria, Alemania, en Suiza y en otros lugares de la Europa occidental[35]. Este deber de verdad existe, en efecto, tanto en los *pre-trial interrogatories* de las partes, como en las *examinations* y *cross-examinations* de las partes y aun, todavía, cuando se trata de *affidavit of documents*, etc.

---

[35] Cfr., COHN, *Zur Wahrheitspflicht und Aufklärungspflicht der Parteien im deutschen und englischen Zivilprozessrecht*, cit. pp. 41 y ss., 49 y ss., 56 y ss.; ABEL-BRESCH, *Grundsätze des österr. Und englischen Zivilprozesses*, cit. p. 14.

Parte III
La libre valoración de las pruebas

§ 20. La oralidad y las pruebas; influencia del jurado sobre el sistema inglés de las pruebas

En esta tercera parte del presente trabajo tomaremos en examen comparativo algunas características fundamentales del sistema de las pruebas. Continuaremos utilizando el método adoptado hasta ahora: esto es, el de tratar de individualizar en los varios sistemas nacionales europeos (vistos en su desarrollo histórico), lo que hay, o lo que en otras épocas ha habido, de *análogo* o de *común,* poniendo además explícita o implícitamente en relación, en sus analogías o en sus diferencias esenciales, los sistemas europeo-continentales con los sistemas de los países de *common law* y con los de la familia jurídica socialista. Hemos visto en la parte precedente que el principio de la oralidad y los de la inmediación de la relación entre el juez y los sujetos del proceso y de la atribución al juez de poderes de dirección y control de la fase oral del proceso mismo -que derivan de aquel de la oralidad- no sólo caracterizan los más modernos sistemas procesales de los países de la Europa continental (también oriental), sino que se encuentran también en los sistemas procesales de los países de *common law.* En estos países, incluso, los principios de la oralidad, de la inmediación y de la concentración han encontrado aceptación en el procedimiento de las *Courts of Common Law* (de manera diversa en las *Courts of Equity*), mucho antes, y todavía hoy encuentran realización de manera mucho más acentuada que en la Europa continental[1]. La razón de ello debe verse principalmente en el instituto del *jurado.* Como es sabido, en Inglaterra, hasta las profundas reformas procesales de la segunda mitad del siglo pasado[2], también los

---

1 Cfr. Cohn, E. J., "Zur Wahrheitspflicht und Aufklärungspflicht der Parteien im deutschen und englischen Zivilprozessrecht", en *Festschrift für Fritz von Hippel,* Tübingen, 1967, pp. 44, 46, 52, 59.

2 Reformas efectuadas sobre todo por el *Judicature Act,* de 1873, por el cual se atribuyó al actor el poder de pedir o no el jurado en los procesos civiles ante la *High Court.* Cfr. Archer, P., *The Queen's Court,* London, 1956, pp. 170 y ss.

procesos civiles y no solamente los penales, culminaban normalmente en un *trial* en el cual participaba el jurado compuesto de jueces no juristas. La que era la regla hasta la segunda mitad del siglo pasado, se ha convertido hoy en la excepción en Inglaterra, donde desde hace varios decenios se ha hecho cada vez más rara la participación del jurado en el *trial* en materia civil[3]; lo contrario ocurre, sin embargo, en los Estados Unidos de América, donde las partes han conservado normalmente y hacen frecuente uso del Derecho constitucional de ser juzgadas por el jurado también en materia civil[4]. También en Inglaterra, sin embargo, no sólo en Norteamérica, el sistema procesal conserva en gran parte las características que han sido originariamente la consecuencia del instituto del jurado. Estas características se resumen, sobre todo, en los principios de la oralidad y de la inmediación y, como veremos inmediatamente, también en el sistema de admisión-asunción y de valoración de las pruebas: o sea, en el sistema probatorio.

Se ha de pensar en el hecho de que los jurados eran, al menos en tiempos más remotos, por lo general incapaces de leer y de escribir. Era por eso materialmente imposible para ellos decidir el proceso sobre la base de los escritos, como hacían, en cambio, en aquellos siglos los jueces-juristas de las Cortes de Europa continental. Resultaba pues para ellos, materialmente necesario que el proceso culminase en una audiencia de debate *oral*, en la cual las partes y los terceros compareciesen *personalmente* a exponer los hechos y las razones ante el jurado. Por ejemplo, el instituto de la *examination* y *cross-examination* oral de los testigos en el *trial* es un antiguo instituto de las *Courts of Common Law*, y es precisamente uno de los varios institutos que se han modelado sobre la base de las exigencias particulares de un "*trial by jury*". Aquel instituto ha representado durante siglos el núcleo central del proceso (civil penal) de las Cortes de *Common Law* [5]: mientras, por el contrario, en la Europa continental los testigos eran examinados en secreto, por personas diversas del juez –sujetos

---

3 Cfr. JACKSON, R.M., *The Machinery of Justice in England*[4], Cambridge, 1964, p. 68.

4 Véase, por ejemplo, JOINER, CH. W., *Civil Justice and the Jury*, New Jersey, 1962, pp. 58-59.

5 Absolutamente diversos, es importante recordarlo, eran los caracteres del proceso ante las *Courts of Equity*, en las cuales dominaba, en cambio, el principio de la escritura. Véase GRESLEY, R. N., *A Treatise on the Law of Evidence in the Courts of Equity*, London, 1836, pp. 43 y ss., 50 y ss., 69 y ss.

denominados de diversa manera: *actuarius, notarius, cancellarius,* etc.-, y el juez decidía, por consiguiente, como se ha dicho ya, sobre la base de los protocolos o *acta* redactados por escrito por aquellos sujetos[6].

Basta esto para comprender lo estrechamente ligado que está el sistema probatorio a los principios, respectivamente, de la escritura o de la oralidad, y de la mediación o inmediación. Pero es precisamente sobre este estrecho vínculo sobre el que se hace necesario todavía llevar más a fondo nuestra investigación.

§ 21. El principio de la escritura y el sistema de la prueba legal en el derecho común

¿Cuál ha sido el sistema probatorio que ha nacido, como lógica expresión de los principios de la mediación y de la escritura, en el procedimiento del *ius commune* de la Europa continental, desde el medioevo hasta el final del siglo XVIII y todavía más adelante?

El sistema probatorio que ha nacido en ese procedimiento, y que ha sido también elaborado con gran fineza de análisis ya por las escuelas jurídicas especialmente italianas de los siglos XI-XIV, era un "sistema probatorio *legal*": *el sistema de la prueba legal.* El juez no entraba en contacto directo, "inmediato", con las partes ni, en particular, con las pruebas (testigos, cosas, lugares), a causa de la desconfianza -como se ha visto (*supra,* parte segunda, § 10)- en la oportunidad o equidad de semejante contacto directo e inmediato. Se prefería que al juez le llegase solamente el eco atenuado e impersonal de los escritos, redactados en el momento del examen de los testigos, así como el de la inspección de lugares, etc. Pero la misma desconfianza dominaba también la *valoración* de las pruebas. Se tendía a evitar todo subjetivismo, cualquier "arbitrariedad", y por eso toda posibilidad para el juez de *valorar libremente,* de "pesar", en suma las pruebas. Se elaboró, por tanto, un sistema en el cual las pruebas no tanto debían ser pesadas cuanto, más bien, *contadas* por el juez; un sistema de "valoración numérica" o "aritmética" y por tanto absolutamente

---

6 Exactamente del mismo modo decidía el juez anglosajón en el proceso ante las *Courts of Equity*: véase la nota anterior; *adde,* WIGMORE, J. H., *A Treatise on the Anglo-American System of Evidence in Trials at Common Law* [3], I, Boston, 1940, p. 15.

"mecánica" de las pruebas. Dos testigos hacían prueba "plena", *vinculante* por consiguiente para el juez, siempre que se tratase de testigos que reunieran determinadas características apriorísticamente establecidas por la ley. Las mujeres, o no eran admitidas a testimoniar, o bien, en caso de serlo, eran valoradas en la mitad o un tercio o menos todavía que los testigos varones. Lo mismo se decía en cuanto al testimonio de los "siervos". El testimonio de testigos no nobles valía menos que el testimonio de testigos nobles o de eclesiásticos; con toda una escala aritmética de valores según el grado de nobleza o según la jerarquía eclesiástica. Análoga concepción regulaba la valoración del testimonio del rico que era preferido al del pobre. El testimonio de un solo testigo no tenía fuerza probatoria alguna (*testis unus testis nullus*), salvo que se tratase de un cardenal o directa y personalmente del Papa[7]. El testimonio de la parte no era admitido más que bajo la forma del juramento decisorio vinculante para el juez. Y así se seguía discurriendo.

§ 22. Justificación histórica y carácter originariamente progresivo del sistema de la prueba legal en el derecho medieval

Este sistema, que hoy nos parece tan extraño y hasta injusto y tan poco racional, era, por el contrario, del todo conforme a las exigencias del sistema procesal "escrito" y "mediato". En efecto, puesto que el juez no entraba en contacto directo, con las fuentes de prueba, y en particular con la "reina de las pruebas" o sea con la prueba testimonial, era del todo lógico que debieran escapar a su valoración todos aquellos elementos de carácter psicológico y subjetivo, que tanta importancia asumen, en cambio, en la concepción moderna de la "libre" valoración de la prueba testimonial, como también en la concepción, que hoy en día se va perfilando, de una valoración "científica" de dicha prueba (*infra*, § 29). Faltas de certeza, vacilaciones, contradicciones y tantos otros matices psicológicos de las deposiciones de los testigos, no podían obviamente reflejarse en los fríos escritos de los "protocolos" o actas, que se extendían por sujetos a los cuales el proceso era extraño y desconocido. Estos y tantos otros elementos de valoración -retractaciones, careos de varios testigos entre ellos, etc.-,

---

[7] Como puede leerse, por ejemplo, en Cujacius, en su *Commento a las Decretales Gregorii IX*, lib. II, tít. XX, *De testibus et attestationibus*, cap. XXVIII.

que son tan frecuentes y no menos importantes en un sistema en el cual los testigos son examinados en la audiencia pública ante el órgano juzgador, estaban en cambio destinados a ser poco frecuentes y de escasa importancia en un sistema en el cual el examen de los testigos tenía lugar no con la libre y dúctil y penetrante técnica del examen libre y directo, de la *examination* y *cross-examination,* sino con la rígida técnica formal de las preguntas (*quaestiones, articuli*) que se preparaban anticipadamente por escrito y exigía respuestas escritas o, como quiera que fuese, dictadas en el "acto".

Por otra parte, el sistema de la prueba legal era perfectamente conforme a la tendencia general del pensamiento de aquella época. Recuérdese que estamos en la época del pensamiento "escolástico" y de la filosofía aristotélico-tomística, una época a la cual son caras las abstracciones apriorísticas, una época bien lejana, todavía, de aquel "método experimental" en el cual se dará la preferencia a la directa observación de los hechos más bien que a la deducción de "verdades" absolutas y *a priori.*

Así, una verdad *a priori* era (o se entendía, en aquel tiempo, que lo fuese) aquella de que el noble estaba más vinculado que el no noble a decir la verdad, puesto que -como puede leerse en una vieja fuente española[8]- "parece que guardará más de caer en vergüenza por sí y por su linaje"; o aquella de que era más verosímil la veridicidad del rico que la del pobre, "pues el pobre puede mentir por codicia o por promesa"; o aquella, todavía, de que era más de creer el varón que la mujer, "porque tiene el seso más cierto y más firme etc. Aunque las más modernas investigaciones en tema de psicología del testimonio, que han florecido con notable éxito sobre todo a partir del final del siglo último, hayan destruido el fundamento de algunas de aquellas pretendidas "verdades"[9] -parece, por ejemplo, que el testimonio de la mujer es, como término medio, más fiel que el del hombre-, algunas de las "verdades" sobre las cuales se apoyaba el sistema "numérico" de la prueba legal son validas todavía hoy, al menos con *indicios de probabilidad*: todavía hoy, por ejemplo, en términos generales y de

---

[8] Cfr. COUTURE, E.J., "Las reglas de la sana crítica en la apreciación de la prueba testimonial", en *Estudios de Derecho Procesal Civil,* II, Buenos Aires, p. 198.

[9] Cfr., por ejemplo, ALTAVILLA, E., *Psicologia giudiziaria*[4], I, Torino, 1955, pp. 70 y ss., y autores allí citados.

principio, es más probable que la verdad esté "en boca" de varios testigos, más bien que en boca de uno solo (*in ore duorum vel trium stat veritas*) [en la boca de dos o de tres está la verdad]. Recordaré que todavía hoy puede leerse en la Constitución norteamericana una disposición que prohíbe ciertas condenas sobre la base del testimonio de un solo testigo[10]. No obstante esto, a lo que el pensamiento moderno se rebela, es a la "absolutización" de aquellas "verdades". El pensamiento moderno puede admitir que sea una válida *máxima de experiencia* la de que cuatro ojos ven más que dos; pero niega el carácter *absoluto* de tal máxima de experiencia, o se niega que se trate, más bien que de una mera máxima de experiencia (que en el caso concreto puede manifestarse como no correcta), de una verdad absoluta e inderogable, vinculante, por consiguiente, para el juez. Absolutamente diversa era, en cambio, la manifestación del pensamiento medieval. Piénsese, por ejemplo, en el hecho de que la máxima que excluía el valor probatorio del testimonio de un solo testigo se consideraba directamente como una verdad sagrada, sancionada por algunos textos del Viejo y del Nuevo Testamento[11].

Hay que guardarse, sin embargo, del error de juzgar de manera totalmente negativa el sistema de la prueba legal. Habiendo llegado a ser absolutamente superado, arcaico y refutable en tiempos cercanos a nosotros, el mismo alcanzó, sin embargo, originariamente en Europa un aspecto netamente modernizador y fuertemente progresivo. En efecto, vino a sustituir gradualmente al precedente sistema de los duelos y de las ordalías[12], en el cual la "verdad" quedaba confiada al juego de la fuerza, de la suerte y de la superstición. Los progresos de la cultura, también de la jurídica, no pueden producirse más que de manera gradual: *natura non facit saltus* [la naturaleza no da saltos]; y

---

[10] Constitución de los Estados Unidos, Art. III, Sec. 3, § 1: "[...] No person shall be convicted of treason unless on the testimony of two witnesses to the same overt act, or on confession in open court" [(...) nadie será condenado por traición sin el testimonio de dos testigos sobre ese acto manifiesto, o sin confesión en audiencia pública].

[11] Cfr., por ejemplo, *Deuteronomio,* 19, 15: "No hará uno solo testimonio contra nadie, cualquiera que sea su delito y fechoría; sino que todo se apoyará en la palabra de dos o tres testigos". Cfr. también el *Evangelio de San Juan,* 8, 13.

[12] Cfr. VAN CAENEGEM, R. C., "The Law of Evidence in the Twelfth Century: Intellectual Background and European Perspective", en *Proceedings of the Second International Congress of Medieval Canon Law,* Gent, 1966, pp. 307-310.

lo mismo vale en cuanto a la civilidad del hombre. Pretender que, del sistema de las ordalías, se pudiese pasar inmediatamente a un sistema en el cual los jueces -que son, también ellos, hombres, y hombres de su tiempo- estuviesen investidos del delicado cometido de valorar los matices psicológicos de una declaración, habría sido pretender demasiado. El paso a través del sistema mecánico y apriorístico de la prueba legal, era necesario. Representaba ya un grandísimo progreso del cual la Europa continental debe estar agradecida al proceso italiano-canónico, del mismo modo que Inglaterra debe estar agradecida al instituto del jurado que, también él "replaced battle, the ordeal, and compurgation as a method of proof" [reemplazó la batalla, la ordalía y la compurgación como método de prueba][13].

§ 23. El sistema de la prueba legal en las *courts of common law:* no reglas de valoración sino reglas de exclusión

De las abstracciones apriorísticas y de las absolutizaciones, que el jurista moderno observa en el sistema de la prueba legal, quedó en cambio, al menos en parte, inmune el sistema probatorio de las *Courts of Common Law* inglesas, gracias sobre todo, como ya se ha dicho, al instituto del jurado. No solamente este instituto imponía un método procesal *oral,* y por consiguiente el contacto *directo* e *inmediato* entre juez (y jurado) de un lado y fuentes de prueba (en particular los testigos) del otro lado, sino que esta oralidad e inmediación hicieron también menos fácil la penetración de reglas de valoración "numérica" y "abstracta" de las pruebas. No digo que una penetración de aquellas reglas no se haya tenido nunca; pero la misma se ha manifestado en Inglaterra con algún siglo de retraso respecto de los sistemas probatorios de la Europa continental, y cuando se ha manifestado lo ha sido solamente en forma parcial y limitada y de más breve duración. A ella se oponía, más que ninguna otra cosa, el propio buen sentido y el espíritu de independencia de los jueces populares que reivindicaban su libertad en el juicio de los hechos a ellos confiados.

En las Cortes inglesas de *Common Law,* más bien que bajo forma de reglas legales y vinculantes *de valoración* de las pruebas ya asumidas, el sistema de la prueba legal se ha manifestado, sin embargo,

---

13 OSBORN, P. G., *A concise Law Dictionary*[5], London, 1964, pp. 179, voz "Jury".

bajo forma de *reglas limitadoras de la admisión de ciertas pruebas* [14]. Una vez admitida y asumida la prueba era bien difícil impedir al buen sentido y al espíritu de independencia de los jurados, sacar libremente de ella las conclusiones. Más fácil era, en cambio, prescribir apriorísticamente toda una serie de *exclusionary rules* y de *disqualifications,* o sea de inadmisibilidades: por ejemplo, la inadmisibilidad del testimonio de la parte o de los "terceros interesados"[15], etc.

Este sistema de *disqualifications* puede considerarse actualmente superado en Inglaterra y también en los Estados Unidos de América, aunque sobrevivan, especialmente en América, varios residuos arcaicos del mismo.

Es precisamente al estudio del hundimiento de este sistema y del correspondiente (y todavía más rígido y más riguroso) "sistema de la prueba legal" en el procedimiento civil europeo continental, al que queremos dedicar las páginas siguientes de esta parte del presente trabajo.

§ 24. El hundimiento del sistema de la prueba legal en la Europa continental: la legislación de la Revolución francesa y el *code de procédure civile*

Tal fenómeno se ha manifestado, respectivamente, en los países de *Common Law* y en los de la Europa continental, sobre todo a partir del final del siglo XVIII. Puede aparecer, en efecto, casi increíble, y sin embargo, es cierto que, hace menos de dos siglos, el sistema apriorístico y medieval de la *prueba legal* y de las *exclusionary rules* estaba todavía en pleno vigor en todos los sitios y que en muchos países europeos el mismo ha caído mucho más recientemente o bien no ha caído aún del todo.

El fenómeno, verdaderamente revolucionario, comenzó a manifestarse en el sistema francés. En Francia, todavía en la obra de un gran jurista del siglo XVIII, Pothier, puede leerse, por ejemplo, que "le témoignage d'un Seúl témoin ne peut faire preuve, quelque

---

14 Véase, por ejemplo Millar, R.W., *Civil Procedure of the Trial Court in Historical Perspective,* New York, 1952, pp. 22-23.

15 Cfr. Cross, R., *Evidence,* London, 1958, p. 169.

digne de foi qu'il soit, et en quelque dignité qu'il soit constitué" ["el testimonio de un solo testigo no puede hacer prueba, por digno de fe que él sea y en cualquier dignidad que esté constituido"]; mientras, por otra parte, el testimonio de dos *témoins irreprochables* constituía prueba legal, o sea prueba plena, vinculante para el juez[16]. Siempre en la época de POTHIER, en vísperas de la Revolución francesa, tenía valor todavía en Francia la regla de que "le témoignage de deux hommes équivaudrait a celui de trois femmes" ["el testimonio de dos hombres equivaldría al de tres mujeres"] etc. Desde hacía siglos había penetrado, en suma, y perduraba también en Francia, lo mismo que en el resto de Europa, el sistema de la prueba legal y en particular el método de valoración apriorística y cuantitativa de los testigos; había penetrado o juntamente con los otros institutos y métodos del proceso canónico y común. Y es significativo el hecho de que ni siquiera en la gran obra de POTHIER pueda encontrarse todavía una toma de posición crítica contra aquel sistema.

Sin embargo, la crítica no debía tardar. Pero esta crítica, más que en la obra de juristas, puede encontrarse en los escritos de no juristas, o sea en los escritos de hombres que querían pensar a la luz de la razón y del buen sentido más bien que sobre la base de los viejos esquemas de una lógica apriorística y formal. El mismo buen sentido, que hacía decir a los juristas romanos de la época clásica que "non ad multitudinem testium respici oportet, sed ad sinceram testimoniorum fidem" [no es menester que se considere la multitud de los testigos, sino la fe sincera de los testimonios] puede encontrarse, por ejemplo, en la crítica de VOLTAIRE contra el método de los *reproches,* crítica que él concluiría exclamando: "c'est aux juges à peser la valeur du témoignage" ["es a los jueces a quienes corresponde pesar el valor del testimonio"][17], una exclamación similar a la que suele atribuirse nada menos que a Napoleón, el cual no llegaba a comprender, justamente, que el testimonio de dos bergantes pudiera valer más que el de un hombre honrado[18].

---

16 Véase POTHIER, R. J., "Traité des Obligations", §§ 818 y 819, en *Oeuvres,* de POTHIER, R. J., I, Bruxelles, 1829 (nueva edición al cuidado de M. DUPIN), p. 246.

17 VOLTAIRE, "Prix de la justice et de l'humanité", art. 22, § 4, en DE VOLTAIRE, F. M. A., *Oeuvrescomplètes,* vol. 29, imprimerie de la Société littéraire-tipographique [sin lugar de edición], 1785, p. 337.

18 La frase de NAPOLEÓN se lee en GORPHE, F., *L'appréciation des preuves en justice. Essai d'une méthode technique,* Paris, 1947, p. 35.

El buen sentido comenzó a abrirse camino en Francia con la legislación emanada al tiempo de la Revolución. Cayó, por obra de aquella legislación, el método de la valoración numérica de los testigos, tanto en los procesos civiles como en los penales; y ciertamente no carece de fundamento la opinión de quienes ven un vínculo entre la caída de aquel método y la introducción, también en Francia, del sistema del jurado, al menos en el proceso penal.

Pero la legislación revolucionaria no se detuvo en aquel punto. La misma fue más allá, y quiso reformar además del método de *valoración* también el de *asunción* de la prueba testimonial. Entre los varios factores del proceso canónico y común, que penetraron también en Francia, estaba en verdad el denominado "principe du secret de l'enquête", en base al cual la prueba testimonial era asumida *en secreto*. Ahora bien: la ley del 7 de fructidor del año III suprimió aquel método, disponiendo que "les témoins seraient entendus à l'audience *publique* en présence des parties" ["los testigos serán oídos en la audiencia *pública,* en presencia de las partes"].

No todas las conquistas de la legislación revolucionaria quedaron, sin embargo, como definitivas. El *Code de procédure civile* de 1806 debe considerarse, en muchos de esos aspectos, como una obra conservadora[19]. Aquel Código mantuvo, sin embargo, la abolición del método de valoración numérica y formalística de la prueba testimonial; y ha sido quizá precisamente éste su mérito más grande, en virtud del cual la ley procesal civil debe colocarse, en toda la primera mitad del siglo XIX, a la vanguardia de las leyes de los países europeos. Se ha de pensar que aquel método de valoración numérica y apriorística ha perdurado, en Alemania, hasta la *Zivilprozessordnung* de 1877, en Austria, hasta la *Zivilprozessordnung* de 1895, y hasta nuestro siglo en algunos otros ordenamientos, comprendidos los de los países escandinavos. En el Código francés se inspiraba, en la primera mitad del siglo XIX, la más progresiva doctrina de otros países, deseosa de más moderna reforma. Queda, sin embargo, el hecho de que la codificación napoleónica no logró superar completamente el sistema de la prueba legal; y es ésta una de las razones por la cual ya en la

---

[19] Cfr. en tal sentido también CORNU, G., *Le droit français,* t. II: *Principes et tendences du droit français,* sous la direction de R. DAVID, Paris, 1960, p. 257, nota 1; DAVID, R. / DE VRIES, H. P., *The French Legal System,* New York, 1958, p. 13.

segunda mitad del siglo pasado, y después sobre todo en nuestro siglo especialmente hasta las más recientes leyes francesas de reforma, la que fue originariamente la legislación más avanzada y más moderna ha venido a encontrarse superada, en cambio, por las legislaciones de otros países europeos. Como ha observado agudamente Roscoe POUND, parece como si este retardo haya constituido el precio pagado por la legislación francesa por haber sido la primera en colocarse en el camino de las reformas[20].

En efecto, es verdad, como repetimos, que la codificación napoleónica no ha acogido ya el método de *valoración* numérica de los testigos. Pero en cuanto al método de *asunción* de la prueba testimonial, esta codificación ha dado un grave paso atrás respecto de la legislación de la Revolución. No se ha vuelto, completamente, al "principe du secret de l'enquête" pero tampoco se ha confirmado el método moderno introducido por la ley del 7 fructidor del año III, la cual, como se ha visto, disponía que los testigos debían ser interrogados en la audiencia pública, ante una corte juzgadora que podía encontrarse así en contacto directo e inmediato con los testigos (principio de la inmediación). Por el contrario, el método acogido por el Código de 1806 fue el siguiente: se admitió la presencia de las partes a la asunción de la prueba, pero sin que esta asunción debiese tener lugar en la audiencia pública, confiándose en cambio a un *juge-commisaire*. Este *juge-commisaire* redactaba por escrito una relación de las deposiciones, y de este modo, como lamentaba, por ejemplo, BONNIER[21], alrededor de la mitad del siglo pasado, ocurría que la Corte debía emitir después su decisión sobre la base de aquellas relaciones escritas, carentes de vida, de color, de "fisonomía". Solamente con la reciente reforma de diciembre de 1958, se ha tratado de eliminar en Francia, al menos en parte, este inconveniente, que ya BONNIER condenaba un siglo antes como un residuo de concepciones superadas (cfr. el art. 255 modificado del *Code de procédure civile*).

Otros graves residuos del método medieval de la prueba legal habían quedado, por lo demás, en la codificación francesa. Se puede pensar en el interrogatorio formal (*interrogatoire sur faits et articles*) de

---

20 POUND, R. / PLUCKNETT, TH. F. T., *Readings on the History and System of the Common Law* [3], Rochester, 1927, p. 170, en nota.

21 BONNIER, E., *Éléments de procédure civile,* Paris, 1853, pp. 230, 241, 243 y ss.

las partes, un instituto que tiene su origen en la *interrogatio per positiones* del proceso canónico y común, y que ha sido suprimido solamente en 1942 por una ley confirmada en 1945: una ley que al viejo instituto "formal" sustituía la dúctil e informal *comparution personnelle,* o sea un instituto muy similar a la moderna *Parteivernehmung* austriaca, alemana y suiza y a la *examination of the parties as witnesses* [examen de las partes como testigos] de las cortes inglesas y norteamericanas. Piénsese también en el instituto del juramento decisorio de la parte, que existe aún hoy en Francia como medio de prueba legal, vinculante para el juez[22], así como todavía hoy existe en España[23] y en Italia[24]. En estos dos países, por lo demás, incluso el instituto del interrogatorio formal continúa existiendo no obstante las críticas de la más moderna doctrina. En Austria, en Alemania, en el procedimiento federal suizo, el movimiento de reforma y de modernización ha tenido, en cambio, mucho mayor éxito: no sólo no existe un "interrogatorio formal", sino que el mismo juramento decisorio ha sido suprimido (en Austria desde 1895; y en Alemania en 1933, en una reforma de la *Zivilprozessordnung,* proyectada ya en 1931 y desde hacía mucho tiempo auspiciada por la predominante doctrina de aquel país). También en casi todos los otros países europeos (tanto orientales como occidentales), el mismo movimiento de reforma ha realizado ya sus objetivos principales: juramento decisorio e interrogatorio formal han sido suprimidos en casi todos los sitios y sustituidos por un instituto análogo a la *Parleivernehmung* o a la *examination of the party as witness*: lo que ha ocurrido en Hungría desde 1911, en Dinamarca en 1919, en Noruega en 1927, en Polonia en 1933 y casi simultáneamente en Yugoslavia, y más recientemente en Suecia (en 1948) y en Finlandia (en 1949). En Rusia, toda clase de juramento -aun el ("promisorio") de los testigos- fue abolido como contrario a los principios de la Revolución, por uno de los primeros decretos de 191[25] y en general, como veremos mejor, todo residuo del viejo sistema de la prueba legal ha caído allí, también como consecuencia de la

---

[22] Cfr. los arts. 1361 y 1363 del *Code Civil.*

[23] Cfr. el art. 1236 del Código Civil español.

[24] Cfr. el art. 2738 del Código Civil y el art. 239, primer apartado, del Código de Procedimiento Civil italiano.

[25] Precisamente, por el decreto dictado el 22 de noviembre [5 de diciembre] de 1917 por el Soviet de los Comisarios del Pueblo.

incompatibilidad de aquel sistema con el principio, considerado fundamental por la doctrina comunista, de que el juez civil debe aun de oficio, y sin limitarse siquiera a las alegaciones de las partes, no contentarse con una verdad "formal" sino buscar la "verdad material" (*infra*, § 27). Finalmente, aun en Grecia, donde, como en Italia, en Francia y en España, sobrevive el instituto del juramento decisorio, un proyecto gubernativo de 1960 prevé su reforma al menos parcial.

§ 25. Supresión del sistema de los reproches

Históricamente el más importante, y probablemente también el más grave residuo del sistema de la prueba legal en la codificación napoleónica estuvo representada, sin embargo, por el sistema de los denominados *reproches*: esto es, un sistema muy similar a las varias *disqualifications* existentes en el sistema probatorio inglés y, en general, en los países del *Common Law*. En base a aquel sistema, toda una serie de testigos -denominados *témoins reprochables*- podían ser recusados por la parte interesada en ello. Entraban en la vasta categoría de los "*témoins reprochables*" los parientes de una de las partes o del cónyuge de una de las partes, así como personas que hubieran "bebido o comido con la parte", los servidores y domésticos de las partes, las personas en estado de acusación o ya condenadas a penas aflictivas o infamantes, etc. Aunque la ley no lo dijera expresamente, la jurisprudencia y la doctrina francesa[26] estaban además de acuerdo en considerar que fuesen recusables también quienes, aun sin ser parientes, afines, servidores, etc. de la parte, se encontraran, comoquiera que fuese, en una situación de cointerés con una de las partes respecto del resultado del juicio: también aquí, como se ve, era evidente la analogía con la vieja *disqualification* de las *interested persons* en el ordenamiento inglés y norteamericano, de las que hablaremos en seguida. La razón de ser de estas *disqualifications* del Derecho francés debía verse, obviamente, en el temor de que tales testigos fuesen inducidos a seguir más bien las sugerencias del interés que las de la verdad. A la desconfianza en la viridicidad de los testigos se añadía

---

[26] En ese sentido, BONNIER, *Éléments*, cit., pp. 248, 252; GLASSON, E. / TISSIER, A., *Traité Théorique et Practique d'Organisation Judiciaire, de Compétence et de Procédure Civile* [3], Paris, 1926, p. 776 y allí otras citas.

obviamente, sin embargo, también la desconfianza en la capacidad del juez de "pesar" y apreciar convenientemente, concretamente, caso por caso el valor del testimonio de aquellos sujetos. Según el viejo método apriorístico-deductivo y escolástico, el legislador francés prefería establecer en abstracto qué categorías de sujetos debían y podían ser excluidas del testimonio, sin dejar al juez posibilidad alguna de apreciación libre y concreta, esto es, ejercitable según las concretas circunstancias del caso.

Naturalmente, no podía faltar, en la doctrina francesa más moderna y más avanzada, la crítica de un semejante residuo de una concepción anticuada. Hemos recordado ya la crítica *ante litteram,* esto es, anterior a la codificación misma, de VOLTAIRE, quien auspiciaba un ordenamiento en el cual "Tout homme, quel qu'il soit, peut être reçu à témoigner. L'imbecillité, la parenté, la domesticité, l'infamie même, n'empêchent pas qu'on ait pu bien voir et bien entendre. C'est aux juges à peser la valeur du témoignage" ["todo hombre, quienquiera que sea, puede ser admitido a testimoniar. La imbecilidad, el parentesco, la domesticidad, la infamia misma, no impide que se haya podido ver y oír bien. Es a los jueces a quienes corresponde pesar el valor del testimonio"][27]. Recordaré todavía aquí, a título de ejemplo, la crítica, muy aguda, que un conocido jurista francés, BONNIER, formuló contra el sistema de los *reproches* [28]. Recordaba, ante todo, cuánto más prudente era en la materia la legislación clásica romana, la cual, lejos de renunciar al testimonio de "tan gran número de testigos", frente a las razones que podían hacer sospechosa la sinceridad de los testigos, recomendaba simplemente al juez ejercitar con el máximo escrúpulo su poder de apreciación: *testium fides diligenter examinanda est* [la fe que merecen los testigos ha de ser diligentemente examinada]. Continuaba aquel autor recordando que, en el procedimiento medieval, se ha preferido prohibir al juez tener en cuenta el testimonio del *témoin reproché.* Esto era bastante lógico y coherente, como reconocía BONNIER, en el sistema medieval de la prueba legal, en el cual el valor de las pruebas era *contado* en lugar de *pesado;* dado que en aquel sistema se partía de la idea de que era necesario y suficiente el testimonio de un

---

[27] Véase la nota 17 *supra.*
[28] BONNIER, *Éléments,* cit., pp. 247 y ss.

determinado número de testigos, era lógico que se descartase *a priori* aquellos testigos que pudieran considerarse, en abstracto, sospechosos. "Pero hoy -concluía textualmente el autor- puesto que ha sido suprimido ya el método de la valoración numérica de la prueba testimonial, y puesto que, en suma, el testimonio es actualmente pesado y no contado, no hay ya ningún motivo para rechazar *a priori* el testimonio de ciertos sujetos". La teoría de los *reproches,* concluía por tanto y justamente BONNIER "n'est plus dès lors qu'un vestige de doctrines surannées" ["no es ya más que un vestigio de doctrinas anticuadas"), no es otra cosa ya que el arcaico residuo de concepciones superadas en contradicción manifiesta con el espíritu del Derecho vigente.

La crítica de BONNIER se remonta aproximadamente a hace un siglo y no ha sido ciertamente la primera en la larga serie de los ataques formulados por la doctrina jurídica francesa contra el sistema de los *reproches*. Pues bien: hace sólo muy pocos años aquel sistema estaba todavía en Francia. Ha sido abolido tan solo con la reforma de diciembre de 1958. Téngase presente, por otra parte, que la misma reforma de 1958 no ha abolido el art. 268 del Código de 1806 (hoy art. 262, apartado 1° del Código modificado); está, por consiguiente, todavía hoy excluido en Francia el testimonio de los parientes en línea directa de una de las partes así como del cónyuge, aunque esté divorciado. Téngase también presente que un sistema análogo al que sobrevive en Francia aun después de la reforma de 1958, continúa teniendo vigencia en Italia, a tenor de los artículos 246 y 247 del Código de Procedimiento Civil de 1942. Estos artículos prohíben, en efecto, el testimonio de las personas que tengan en la causa un interés que podría legitimar su intervención en el juicio, así como el del cónyuge y el de los parientes en línea recta de las partes. Aun cuando esta admisión pueda ser poco agradable, se debe aceptar que el Código italiano, si bien técnicamente muy apreciable bajo otros puntos de vista, no ha demostrado ciertamente inspirarse en una concepción moderna en materia de pruebas.

Lo contrario debe decirse en cuanto a otros Códigos. Nada existe, por ejemplo, que pueda parangonarse al viejo sistema francés de los *reproches,* ni en el Código federal suizo de 1947, ni en la *Zivilprozessordnung* austriaca de 1895, y tampoco en la *Zivilprozessordnung* alemana de 1877.

§ 26. El hundimiento del sistema de las *exclusionary rules* en el Proceso Civil inglés y norteamericano: analogía con los movimientos de reforma de la Europa continental

Me he querido detener más bien ampliamente sobre el tema de los *témoins reprochables* también porque precisamente este tema puede poner en claro un nuevo e interesante punto de coincidencia entre los desenvolvimientos históricos modernos de la legislación europea continental en materia de pruebas y los desenvolvimientos históricos modernos de la legislación de los países de *Common Law*.

Como he dicho, el método apriorístico y deductivo de la prueba legal se había traducido, en el procedimiento de las Cortes de *Common Law*, más bien que en reglas abstractas y vinculantes en materia de *valoración* de las pruebas, en reglas en materia de *admisión* de las pruebas mismas: las denominadas *exclusionary rules* y las *disqualifications*. Estaba excluido, por ejemplo, el testimonio de la parte; estaba igualmente excluido el testimonio del cónyuge de la parte; se excluía además el testimonio de quienquiera que tuviese un *financial interest*[29] en el resultado de la causa y, finalmente, se excluía también el testimonio de los sujetos condenados o acusados por ciertos delitos[30].

El más grande y más vigoroso crítico de aquel sistema fue en Inglaterra, como es sabido, Jeremías Bentham, especialmente en su "Tratado sobre las pruebas" publicado primero, alrededor de 1820, en la famosa traducción francesa de Dumont y aproximadamente diez años más tarde en la lengua original. El hecho mismo de que la publicación de la traducción francesa debiese preceder a la publicación en inglés, no carece quizá de significado. La crítica de Bentham podía probablemente parecer, originariamente, menos revolucionaria en Francia o en Bélgica que en Inglaterra.

Dicho está, sin embargo, que la "conservadora" Inglaterra ha sido después mucho más veloz que cualquier otro país europeo en

---

29 "Those who had a pecuniary or proprietary interest in the outcome of the proceedings" [Los que tenían un interés pecuniario o patrimonial en el resultado del procedimiento] según la definición de Cross, *Evidence*, cit., p. 169.

30 Cfr. Cross, *op.* y *loc. ult. cit.*

cambiar radicalmente e incluso, sin exageración, en revolucionar su sistema procesal, también y sobre todo en materia de pruebas. Las ideas de BENTHAM no tardaron en abrirse camino y en constituir, a partir de 1830 aproximadamente, la base de una importante serie de leyes de reforma, que culminaron en las reformas llevadas a cabo alrededor de mediados de siglo y de las cuales hablaremos inmediatamente. Ha sido aquella una grande e importante época en la historia de la legislación inglesa y como ha escrito Albert V. DICEY, "la opinión legislativa dominante" de aquella época ha sido precisamente "la aceptación general del benthamismo"[31]. Es inútil decir que la escuela denominada "utilitarística", que ha arrancado del pensamiento bethamiano, era nada favorable a las viejas abstracciones y a los apriorismos formalísticos que inspiraban la lógica escolástica y que estaban formando la base del sistema de la prueba legal y de aquella expresión del mismo representada por el sistema de las *disqualifications* y de las *exclusionary rules*.

Pero aun prescindiendo de los trabajos de BENTHAM y de sus más directos secuaces, la literatura jurídica inglesa de los años inmediatamente siguientes a 1830 es extremadamente interesante a los ojos del historiador y del comparatista. En ella puede verse con excepcional claridad toda la semejanza que existía entre los problemas que se debatían y los desarrollos históricos que se estaban preparando en la Europa continental, y los problemas que, casi contemporáneamente, se debatían y los desarrollos históricos que se preparaban en Inglaterra. Hemos recordado hace poco la crítica llevada a cabo alrededor de la mitad del siglo último en Francia por BONNIER contra la doctrina de los *reproches*. Pues bien, análogas críticas y análogas razones se adujeron, en Inglaterra y en los Estados Unidos de América, por la doctrina más avanzada, contra el sistema de las *exclusionary rules*. Hemos recordado también (*supra*, parte II) que en la doctrina más avanzada de muchos países europeos continentales la idea dominante estaba representada, en el siglo último y todavía en nuestro siglo, por el "principio de inmediación y de oralidad". Pues bien, igualmente aquí la analogía con el

---

31 DICEY, A. V., citado por POUND / PLUCKNETT, *Readings on the History*, cit., p. 238.

pensamiento jurídico inglés es derechamente sorprendente. Tengo a mano un interesante opúsculo publicado en Londres, en 1834, por Arthur James JOHNES[32]. En ese opúsculo el autor individualizaba el fundamento de los más graves defectos del procedimiento *in equity* - el procedimiento que, como ya se ha recordado, había estado más fuertemente influenciado por el proceso italiano-canónico y común- precisamente en la falta de *inmediación* y de *oralidad*. Lamentaba sobre todo el hecho de que, en el proceso *in equity*, la prueba testimonial fuese escrita en lugar de oral, ya porque las preguntas (*questions*) debían ser previamente formuladas por escrito, ya porque las respuestas se recibían y protocolizaban por un órgano (los *examiners* o los *commissioners*) diverso del juez que había de decidir, de manera que éste había de decidir sobre la base de aquellos protocolos escritos, sin entrar en contacto con el testigo. El testigo, como lamentaba JOHNES, "instead of being examined in open court by hostile counsel, and without time to prepare himself" [en vez de ser examinado en audiencia pública por un abogado hostil, y sin tiempo para prepararse] era interrogado por escrito, de manera que "he has leisure to exert his cunning on the fabrication of a false and fraudulent reply, which is eventually cast into due technical form by his counsel" [tiene ocio para ejercer su astucia en la confección de una respuesta falsa y fraudulenta, que es vertida finalmente en la debida forma técnica por su abogado][33]. Parece verdaderamente leer uno de los muchos escritos, aparecidos en Francia en el siglo último y aun en el nuestro, a favor de la *comparution personnelle* y como crítica del *interrogatoire sur faits et articles;* o bien uno de los muchos escritos aparecidos en Austria a fines del siglo pasado o en Alemania hasta el cuarto decenio de nuestro siglo a favor de la *Parteivernehmung* (toma de declaración a la parte) y en crítica del juramento decisorio. Desde luego que un análogo movimiento de pensamiento se estaba verificando tanto en el continente como en Inglaterra y en los Estados Unidos de América; un movimiento que, en el mundo anglosajón, estaba dirigido a obtener la introducción, también en el proceso *in*

---

[32] JOHNES, A. J., *Suggestions for a Reform of the Court of Chancery by a Union of the Jurisdictions of Equity and Law,* London, 1834.

[33] JOHNES, *Suggestions,* cit., p. 90.

equity, del instituto de la dúctil y penetrante libre *examination* de los testigos y de las partes *in open court,* o sea según los cánones de la inmediación y de la oralidad; y la abolición de toda una serie de *exclusionary rules* tanto en el proceso *in equity* como (y sobre todo) en el de las *Courts of Common Law.*

Estos resultados, como se ha señalado ya, se alcanzaron en Inglaterra y, aunque de manera menos integral, también en Norteamérica (o por lo menos en varios Estados de la Federación norteamericana), alrededor de la mitad del siglo pasado; mucho antes, por consiguiente, que en el continente europeo. Las leyes más importantes sobre el tema fueron: el "Lord Denman's Act" de 1843 (*Statute* 6 § 7 *Victoria, chapter* 85), el cual abolía la *disqualification* de las "personas interesadas", aun manteniendo firme, sin embargo, la prohibición del testimonio de la parte o del cónyuge de la parte; el "Country Courts Act" (9 § 10 *Victoria, chapter* 95) de 1846, que disponía que en los procedimientos ante las *Country Courts* todos los sujetos, comprendidas las partes y los cónyuges de las partes, pudieran considerarse *competent witnesses* y, como tales, sujetos a la *cross-examination, "in open court";* el "Lord Brougham's Act" de 1851, que extendía a "todas las cortes" la reforma llevada a cabo, limitadamente a las *Country Courts,* por la ley de 1846, o sea disponía que también las partes en causa pudieran ser "competent and compellable witnesses" [testigos competentes y compelibles]. Puede recordarse además, aunque no se refiera propiamente a Inglaterra, la denominada "Evidence (Scotland) Act" de 1853, la cual también en cuanto al sistema procesal escocés disponía que "toda parte", así como "el marido o la mujer de toda parte", pudiera considerarse "competent witness" (testigo competente) en "cualquier acción o Proceso Civil en Escocia". Recordaré finalmente la "Chancery Amendment Act" de 1852, y sobre todo la "Supreme Court of Judicature Act" de 1873; con esta última ley venía a caer definitivamente la vieja y criticable *equity practice de la Chancery Court,* de asumir la prueba testimonial por escrito mediante la *examiners* en lugar de *viva voce in open court.* Como regla general, a partir de 1873 la prueba testimonial debía, pues, asumirse siempre también en los procedimientos llevados a cabo ante la *Chancery División,* oralmente en la audiencia de debate (*orally in open court*), con la técnica de la *examination* y *cross-examination*: según los cánones, por consiguiente, de la más rigurosa *inmediación y oralidad* [34].

§ 27. La libre valoración de las pruebas en la familia jurídica socialista: el principio de la verdad objetiva en la filosofía legal marxista-leninista

La evolución jurídica de los países de la Europa oriental ha sido, hasta aquel radical cambio político, económico, ideológico, que tuvo su inicio en la revolución de octubre, análoga en sus grandes líneas a la de los países centro-occidentales del continente europeo. También en el oriente europeo, pues, hasta la segunda década (Unión Soviética) o hasta la mitad de nuestro siglo, se pueden encontrar aquellas mismas tendencias evolutivas de las cuales se ha hablado en los parágrafos precedentes. Con posterioridad, sin embargo, se ha ido creando una fuerte separación tanto en el campo del derecho sustancial, como en el del Derecho Procesal entre el grupo de los países de régimen socialista y los occidentales (cfr., sobre todo, *supra,* parte I), con la consiguiente formación, en opinión de muchos estudiosos, de una nueva y autónoma "familia jurídica" socialista.

También en el campo de las pruebas civiles se pueden encontrar ciertamente notables diferenciaciones entre el derecho occidental y el socialista. Hay, sin embargo, en este campo, también fundamentales elementos de semejanza, de manera que en conjunto puede decirse que las diferencias son más de acentuación que de dirección evolutiva, más de justificación ideológica que de resultados concretos.

En particular, la abolición del sistema de la prueba legal -ya sea como sistema de reglas de valoración o como sistema de reglas de exclusión- ha sido más completa todavía en los países socialistas que en los países occidentales; toda huella del viejo sistema ha sido allí completamente suprimida[35]. La justificación ideológica de ello debe verse principalmente en lo que he afirmado como uno de los principios esenciales del proceso, tanto civil como penal, de los países

---

[34] Véase, sobre este punto Best, W. M., *The Principles of the Law of Evidence,* 12th ed. by Phipson, S. L., London, 1922, p. 102.

[35] Sobre la supresión, desde 1917, del juramento en Rusia, véase ya *supra,* § 24, texto y nota 25.

de derecho socialista: esto es, el principio según el cual la función del proceso no es sólo la de la tutela de los derechos e intereses de los individuos sino también, y en primer término, la defensa del Estado socialista y del régimen social instaurado con la revolución obrera[36]. El abandono radical de todo formalismo en el sistema de las pruebas, y la afirmación, por el contrario, del principio de la "verdad objetiva", han sido consecuencia directa de esta concepción del proceso. Según el principio de la verdad objetiva, cuya importancia es considerada tal que la Constitución checoslovaca de 1960 la ha proclamado expresamente[37], el juez está obligado a examinar bajo todos los

---

[36] Cfr., por ejemplo, el texto del art. 2, primer apartado, de la ley federal soviética del 8 de diciembre de 1961 que contiene los "Principios fundamentales del Proceso Civil de la U.R.S.S. y de las Repúblicas federadas", a tenor del cual "el procedimiento civil soviético tiene como cometido el examen correcto y rápido y la resolución de las causas civiles al objeto de proteger el régimen social y político de la Unión Soviética, el sistema socialista de la economía y la propiedad socialista, etc.". Cfr. también el art. 97, primer apartado de la nueva Constitución checoslovaca (texto francés en *Bulletin de droit tchécoslovaque,* 1960, pp. 115 y ss.): "Les tribunaux et la procurature protègent l'État socialiste, son régime social, ainsi que les droits et les intérêts legitimes des citoyens et des organisations du peuple travailleur" ["Los tribunales y la procuración protegen al Estado socialista, a su régimen social, así como los derechos y los intereses legítimos de los ciudadanos y de las organizaciones del pueblo trabajador"]. Cfr. también el art. 2, letra *a,* de la ley federal soviética de 25 de diciembre de 1958 sobre el ordenamiento judicial; el art. 2, apartados 1° y 2° de la ley de 2 de octubre de 1952 de la República Democrática Alemana; el art. 2 de la ley polaca de 1928, modificada por la ley del 20 de julio de 1950, sobre el ordenamiento judicial. En doctrina pueden verse, por ejemplo, KLEJNMAN, A. F., *Grazhdanskij prozess europejskikh stran narodnoj demokratii,* Moskva, 1960, pp. 5 y ss.; GWIAZDOMORSKI, J. / CIESLAK, M., "La preuve judiciaire dans les pays socialistes à l'époque contemporaine", en *Recueils de la Société Jean Bodin,* XIX: *La preuve,* Bruxelles, 1963, pp. 65 y ss. ("L'idée que le procès ne doit pas être considéré comme une institution servant -du moins exclusivement- à la protection des intérêts de droit civil, constitue un des principes fondamentaux de la doctrine socialiste de procédure civile" ["La idea de que el Proceso Civil no debe ser considerado como una institución que sirva -al menos exclusivamente- para la protección de los intereses de Derecho Civil constituye uno de los principios fundamentales de la doctrina socialista de procedimiento civil"]).

[37] Art. 103 de la Constitución checoslovaca: "Les tribunaux conduisent la procédure de telle sorte que soit établi l'état réel des choses, à partir de quoi ils delibèrent" ["Los tribunales conducirán el procedimiento de tal suerte que se establezca el estado real de las cosas acerca de las cuales ellos deliberan"]. Cfr. al respecto STAJGR, F., "Les tribunaux et la procurature aux

aspectos la realidad de los hechos que constituyen la base de la litis entre las partes. No debiéndose limitar el juez socialista a una pura función de composición de litis entre particulares, sino debiendo él dar cumplimiento, ante todo, a aquella función más amplia de defensa social de que se ha hablado, es natural que sea inconcebible cualquier diafragma preconstituido entre aquel juez y las pruebas, cualquier vínculo legal a su búsqueda de los hechos y a su valoración de las resultancias probatorias.

A la radical abolición de todo residuo del sistema de la prueba legal -aun de aquellos residuos que han subsistido, en cambio, en numerosos países del mundo occidental- ha contribuido probablemente, por lo demás, en los países de la Europa oriental también otra característica del ordenamiento procesal socialista: aludo al proclamado carácter "popular" y electivo de los jueces, una gran parte de los cuales ejercen su función judicial "en marge de leur emploi"[38]. También en los países de *Common Law,* como se ha visto, el instituto del jurado -si bien no ha impedido y hasta ha favorecido la formación del sistema de las *exclusionary rules*- ha obstaculizado la penetración del sistema de valoración formal y legal de las pruebas. En los países socialistas, mientras de un lado la penetración de un sistema de *exclusions* se encuentra impedido por el principio de la ilimitada investigación, aun oficial, de la verdad objetiva; de otro lado, toda regla de valoración legal estaría además en contradicción con aquella que se afirma como la característica fundamental del ordenamiento judicial, o sea su "carácter popular". En efecto, sería poco lógico colocar junto al juez togado jueces legos populares si después, en uno de los momentos más importantes del proceso, o sea en la valoración de las pruebas, interviniese una norma de ley para determinar abstracta e inderogablemente el valor de la prueba. Los

---

termes de la nouvelle Constitution", en *Bulletin de droit tchécoslovaque,* 1960, p. 113. En general sobre el principio de la verdad objetiva en el proceso de los países socialistas, cfr., por ejemplo, GWIAZDOMORSKI / CIESLAK, *La preuve,* cit, pp. 69 y ss.

38 Cfr., por tantos, KEJZLAR, K., "L'éligibilité des juges l'un des principes fondamentaux de la justice populaire", en *Bulletin de droit tchécoslovaque,* 1961, pp. 52 y ss., 57. La característica es común a todos los países de la familia socialista; cfr., por ejemplo, el art. 103 de la Constitución soviética.

jueces legos se verían de este modo privados de la posibilidad de aportar a la solución y a la apreciación de las cuestiones de hecho de la causa su personal experiencia y directo conocimiento del ambiente, en que viven y operan las partes y los testigos[39]. Finalmente, también la atmósfera de recíproca confianza en que -siempre en conexión con el carácter popular y electivo de los jueces y con la acentuada publicidad[40] y proclamada "educatividad" de los procesos[41] -se requiere que se desarrollen, en los países socialistas, las relaciones entre ciudadanos y jueces, justifica ulteriormente la total supresión de todo residuo de las pruebas legales, si es verdad que éstas presuponen, como se ha visto (*supra,* § 21; parte II, § 10), una cierta desconfianza en la capacidad de libre discernimiento de la inoportunidad y peligrosidad de un contacto demasiado directo e inmediato entre el juez, las partes y los testigos.

Nos limitaremos a hacer referencia, finalmente, a la que a alguno le ha parecido -equivocadamente, a nuestro entender- una importante diferencia entre el derecho de las pruebas civiles de los sistemas socialistas, y el de los sistemas occidentales. Se reconoce, en verdad, la analogía del movimiento que ha conducido, en uno y otro grupo de países, a la desaparición (más o menos integral) del sistema de las pruebas legales. Pero se considera, sin embargo, que el principio de la libre convicción judicial se manifiesta de diversa manera en el derecho socialista, donde la valoración de la prueba es, ciertamente, libre en el sentido de que la ley no le impone al juez deducir determinadas consecuencias de ciertos medios de prueba, pero no "libera" de la misma manera de la valoración llevada a cabo por el juez occidental. En el proceso socialista, en efecto -se afirma-, la convicción del juez debe formarse adhiriéndose a aquel método de conocimiento de la

[39] Una característica del ordenamiento procesal socialista consiste precisamente en la comunidad de extracción de los jueces laicos y de las partes.

[40] Cfr. *supra,* parte II, nota 13.

[41] Sobre la "función educativa" del proceso en el derecho socialista cfr., por ejemplo, el art. 3 de la ley federal soviética sobre el ordenamiento judicial, votada el 5 de diciembre de 1958: "Con su actividad el tribunal educa a los ciudadanos de la Unión Soviética en el espíritu de dedicación a la patria y a la causa del comunismo, en el espíritu de la estricta y firme observancia de las leyes soviéticas, etc."; cfr. también el art. 1 del Código de Procedimiento Civil checoslovaco.

realidad que es ofrecido por el materialismo histórico tal como es entendido por el marxismo-leninismo; de ahí que el juez debe hacerse guiar no sólo por su conciencia y experiencia, sino sobre todo por los principios de la dialéctica marxista[42]. A nuestro juicio, estamos aquí, sin embargo, típicamente frente a una de aquellas diferenciaciones puramente ideológicas, a las cuales no corresponde, en realidad, una concreta y apreciable diferencia de resultados.

§ 28. Consideraciones retrospectivas sobre la valoración de las pruebas

Hemos visto que las transformaciones de los diversos sistemas probatorios, tanto en el mundo de *civil law* como en el de *common law,* han estado profundamente vinculadas a las transformaciones de la técnica del proceso; de donde los principios de la escritura y de la oralidad, de la mediación y de la inmediación, de la diluición y de la concentración del proceso, que hemos examinado en la parte precedente de nuestro estudio, se han ido representando continuamente también en esta tercera parte del mismo. Pero lo que nos urge aquí subrayar es el hecho de que en la base de estos principios, como también en la base de las diversas características de los contrapuestos sistemas probatorios, están siempre las variantes exigencias, materiales e ideales, que constituyen lo que podríamos llamar el clima jurídico de un determinado país y de una determinada era. Y si las variantes son, de país a país, con frecuencia muy numerosas, falta todavía la constatación de que el clima jurídico tiende a manifestar, en las diversas épocas, características, planteamientos y tendencias evolutivas comunes a los países de una misma familia jurídica, cuando no también a los de varias familias diversas, llegadas a una análoga fase de civilización económica y

---

[42] Cfr. Denti, V. "L'evoluzione del diritto delle prove nei processi civili contemporanei", en *Riv. dir. proc.,* 1965, pp. 32-33; Gwiazdomorski / Cieslak, *La preuve judiciaire,* cit., p. 86; Hazard, J. N. / Shapiro, I., *The Soviet Legal System,* Dobbs Ferry, N.Y., 1962, p. 114; Ginsburg, G., *Objective Truth and the Judicial Process in American Journal of Comparative Law,* 1961, pp. 53 y ss.; Trusov, A. I., *Osnovy teoriti sudebnikh dokazatel'stv,* Moskva, 1960, pp. 8 y ss., especialmente pp. 11-12, donde el autor niega que, en material de derecho de pruebas, sea suficiente la aplicación de la sola lógica formal, separada del conocimiento de la gnoseología marxista-leninista.

cultural. Al sistema continental de la valoración legal correspondió, en los países de la familia de *common law*, el rígido sistema de las exclusiones: fundados ambos sobre una cierta concepción formalística y apriorística de la búsqueda de la verdad, sobre una cierta desconfianza en los jueces y, más en general, en la capacidad del hombre de establecer la verdad con métodos concretos, empíricos, inductivos. Casi al mismo tiempo se ha producido después, en ambas familias jurídicas de *civil law* y de *common law*, la supresión de aquellos sistemas en un progresivo movimiento que ha tenido, donde quiera que sea, una común base racional, siendo la expresión de la lenta pero progresiva penetración, también en el proceso, de aquel método concreto, realístico, inductivo, experimental de investigación, el cual ha encontrado sus primeras grandes afirmaciones en el pensamiento de hombres como Galileo y Bacon, y que ha señalado la gran "revolución del pensamiento" que distingue la edad moderna del medioevo. Y si, finalmente, nos ha ocurrido señalar que aquel movimiento de reforma del derecho de las pruebas, que en muchos países del mundo occidental no se ha llevado todavía completamente a cabo pero tiende hacia su cumplimiento, ha encontrado en cambio, por particulares razones también políticas y filosóficas, su más completa afirmación en los países de la nueva familia socialista, esto significa que ha ido emergiendo así, no obstante las diferencias de grado y de fundamentos ideológicos, otra importante analogía de desarrollo, otro "trend" común, esta vez, a todas las principales familias jurídicas de nuestra época.

Naturalmente, no se pretende negar con esto las profundas y permanentes diferenciaciones: no aquellas, de fundamento predominantemente técnico e histórico, entre las dos grandes familias del mundo occidental; y mucho menos las que, también en el campo de las pruebas, se han ido formando -no obstante una tendencial analogía de desarrollo- en el seno de la nueva familia socialista. Estas últimas diferencias son, a nuestro juicio, estrictamente conexas con aquellas otras que hemos puesto de relieve en la primera parte de este estudio (§§ 4-7) y que concluyen prácticamente en la supresión, o por lo menos en una fuerte atenuación del principio dispositivo en el Proceso Civil socialista. Tal supresión comporta, en el campo de las pruebas, que el juez socialista no solamente pueda disponer, sin límites, de oficio de los varios medios de pruebas -un poder que, se ha visto, está difundido también en varios países occidentales, como en Austria y en Suiza y, con algunas limitaciones, en Francia, en Alemania y en otros lugares (*supra*, parte II, § 18)-, sino que sus iniciativas probatorias pueden ir, además, más allá de los hechos jurídicos alegados en juicio por las partes, más allá, por consiguiente, de la *causa petendi*, a la cual queda en cambio vinculado, en un proceso de tipo dispositivo, el juez occidental[43]. Pero tal diferenciación del sistema socialista de las pruebas se reconecta, como repito, a las diferenciaciones ya enucleadas por nosotros en la primera parte de este estudio; y está basada, por consiguiente, como allí se ha visto, sobre razones políticas, económicas, filosóficas, del todo diversas de aquellas que constituyen la base de la evolución que ha conducido a la afirmación del principio de la libre apreciación judicial de las pruebas, al cual se ha dedicado, en cambio, esta tercera parte de nuestra investigación.

§ 29. ¿Hacia una valoración "científica" de las pruebas?

Cerrando esta investigación comparativa sobre el tema de la libre valoración de las pruebas, queremos hacer referencia todavía a un nuevo e interesante movimiento de pensamiento y de transformación que, según varios signos, hoy en día se va dibujando en distintos países.

Aludo a la evolución del método de la "libre valoración" al método que podríamos definir de la "valoración científica" de las pruebas: científica en cuanto está basada sobre la utilización de instrumentos y de datos científicos -físicos, químicos, biológicos, etc.- de la investigación, mediante los cuales se considera, o se espera, poder más tarde o más temprano "medir" científicamente la exactitud de la percepción de los testigos, la precisión de sus recuerdos, su veridicidad y sinceridad; poder superar, en suma, mediante criterios de medida objetivos, los peligros y las posibles arbitrariedades de la valoración subjetiva por parte del juez.

Se podría pensar que se trata, en un cierto sentido, de un retorno al viejo sistema matemático y mecánico de valoración. Nada más

---

[43] Cfr. Para ulteriores desarrollos sobre el tema nuestro estudio "Interrogatorio della parte e principi generali nel processo civile della Germania Orientale e dell'Unione Sovietica", en *Riv. dir. proc.*, 1959, pp. 39 y ss., especialmente a pp. 42 y ss., 50 y ss.

equivocado. Libre valoración no significa, en efecto, ni ha querido significar nunca valoración *arbitraria*. Por ejemplo, en Italia, la Corte de Casación, aun cuando su función esté limitada al control de los errores de derecho, admite poder examinar una sentencia en la hipótesis de que la motivación de ella no demuestre "que el juez de mérito ha deducido la propia convicción de la valoración de todas las resultancias de la investigación desplegada y ha dado cumplimiento al deber de explicar las razones que lo han inducido a preferir una versión diversa de la sostenida por la parte[44]. Libre valoración significa valoración basada sobre la observación concreta de los hechos probatorios, y no vinculada a premisas abstractas y a verdades apriorísticamente fijadas por la ley. Si después, en el ejercicio de esa libre valoración, se pueden o se podrán emplear también métodos e instrumentos científicos, esto podrá probablemente reducir ulteriormente las posibilidades de error del juez; pero se permanecerá, sin embargo, siempre en el ámbito de una valoración concreta y racional; y la separación del viejo método de la prueba legal será, en todo caso, ulteriormente profundizada con ventaja.

[44] Casación civil, Sección III, 10 de diciembre de 1959, n. 3515, DAL MORO / LUCCHETTA, en *La Settimana della Cassazione*, 1960, col. 27.

Parte IV
Resultados y conclusiones de la investigación

§ 30. Síntesis de los resultados alcanzados en las partes precedentes

Acaso no será inútil resumir al llegar a este punto los principales resultados de la presente investigación, la cual no quiere ser otra cosa que la rudimentaria y provisoria premisa y la preparación de más profundas investigaciones futuras[1].

En la primera parte de este estudio hemos individualizado en algunos principios que constituyen el fundamento de todos los sistemas procesales civiles de la Europa occidental así como también de los países de *Common Law*: una especie de denominador común de todos aquellos ordenamientos. Dichos principios, que conducen a la idea de la *party disposition* (*Dispositionsmaxime*), no tienen nada de nuevo pero se pueden encontrar ya en vigor, por ejemplo, en el proceso clásico romano y después en el proceso italiano-canónico y común. Pero puesto que ellos son la consecuencia del carácter privado, y por eso disponible, del objeto del proceso, los mismos aparecen en cambio atenuados, o derechamente abolidos, en los procesos civiles de los países de la Europa oriental, después de la reciente atenuación o (al menos tendencial y potencial) abolición, en estos países, del carácter privado de los derechos subjetivos.

---

1 En efecto, como ya se ha señalado (parte I, nota*), el ensayo publicado aquí ha constituido el primer núcleo para ulteriores investigaciones actualmente en curso en el Instituto de Derecho Comparado de la Universidad de Florencia, organizadas sobre base individual y de *équipe*. A varios investigadores, también extranjeros, se les han confiado -en el ámbito de los temas tratados en este ensayo así como de cualquier otro tema de gran relevancia en el terreno comparativo (como el de las garantías constitucionales del proceso)- cometidos de investigación limitados al derecho de los países singulares (U.S.A., Inglaterra, Francia, Alemania, U.R.S.S., Checoslovaquia); y los materiales publicables serán recogidos en artículos de revistas y en "cuadernos" del Instituto.

En la segunda parte de nuestro estudio hemos conducido, en cambio, la investigación sobre algunos principios que conciernen no ya al objeto sino mejor a la forma y a la técnica interna del proceso: oralidad y escritura; inmediación y mediación de la relación entre el juez, las partes y los testigos; dirección del proceso sustraída o confiada al juez; "publicización" y "moralización" o, finalmente, "socialización" del proceso (fenómeno este último, que como se ha visto es independiente de aquel, mucho más radical, que podríamos llamar de la socialistización o sea de la publicización del derecho *sustancial* con la abolición del *ius privatum,* fenómeno que, en el campo procesal, se refleja precisamente en la supresión del principio dispositivo). Hemos visto que, a este respecto, un método común a los varios países europeos se ha elaborado por la gran doctrina que floreció en torno a las primeras universidades italianas, en los siglos XI-XIV y se difundió después, prácticamente, por toda la Europa continental y, por lo que se refiere a las Cortes de *Equity,* también en Inglaterra (para no hablar de Escocia, donde el *ius commune,* sustancial y procesal, ha penetrado mucho más ampliamente). Este método común, esta "*ius commune-procedure*" ha sobrevivido, al menos en parte, durante todo el siglo XVIII, y en muchos países durante todo el siglo XIX y hasta, puede decirse, los primeros decenios del siglo XX. La misma estaba fundada sobre los principios de la escritura, de la mediación, y de la completa inactividad y neutralidad del juez al cual debía sustraerse toda dirección del proceso, considerado como "cosa de las partes". El proceso "común" alemán y austriaco anterior a las *Zivilprozessordnugen* de 1877 y de 1895 estaba fundado todavía sobre aquellos principios de los cuales había comenzado (pero apenas) a separarse el *Code de procédure civile* francés de 1806.

Una gran revolución, primero en la doctrina, y después también en las legislaciones, se produjo, sin embargo, en el siglo pasado y está todavía en curso en nuestro siglo. La misma ha querido introducir, en casi todos los países europeos, un nuevo tipo de procedimiento civil, el cual, en muchos de sus aspectos, viene a aproximarse sensiblemente al *Common law procedure* que se ha desarrollado siempre en torno a la idea de un *trial* oral y concentrado. En este nuevo tipo de procedimiento, la parte central y culminante del proceso -la *Hauptverhandlung*- es, precisamente, oral; el juez entra en contacto directo con las partes y con las otras pruebas o fuentes de prueba, especialmente con los testigos (inmediación); aumentan, más o menos radicalmente, los poderes del juez en la dirección formal del proceso (*formelle Prozessleitung*) también al objeto de obtener aquella concentración que es condición necesaria del *trial*. En algunos sistemas nacionales, comenzando por el austriaco de 1895 para llegar al federal suizo de 1947, se confía al juez también un poder que se denomina dirección material del proceso (*materielle Prozessleitung*); esto significa que el juez, aun estando vinculado a juzgar sobre demanda y dentro de los límites de la demanda de las partes (*ne judex judicet ex officio; ne eat judex ultra petita partium*), puede, sin embargo, tomar ciertas iniciativas que tienen por lo general carácter auxiliar; puede asumir, por ejemplo, de oficio ciertas pruebas al objeto de indagar sobre la verdad de los hechos alegados por una parte, o bien puede hacer presente a una parte que su demanda no está motivada regularmente, o que podría formularse una excepción, y así sucesivamente.

Tal movimiento revolucionario de reforma no podía dejar de reflejarse, obviamente, también en el campo de las pruebas. Aquí se ha tenido el fenómeno del hundimiento, más o menos completo, del sistema escolástico de la prueba legal, con el consiguiente surgimiento de los principios de la libre valoración judicial de las pruebas, y de la relación directa e inmediata entre el juez y las fuentes de prueba (partes, testigos, cosas). También este fenómeno ha encontrado apoyo, con sorprendente analogía de manifestaciones, en el mundo denominado anglosajón, donde toda una serie de anticuadas y apriorísticas *rules of exclusions* ha sido suprimida, mientras la más moderna doctrina continúa la propia crítica corrosiva contra las no pocas reglas residuales[2].

Finalmente, en la familia jurídica socialista, surgida en los últimos decenios sobre la base de sistemas de tronco romanístico, si bien es profunda la diferenciación que ha penetrado bajo el perfil de la disponibilidad de las partes respecto del objeto del proceso (*supra*, parte I), en cuanto a los otros aspectos, la diferencia es de grado más que de calidad.

---

[2] Cfr., por ejemplo, el interesante estudio de LOEVINGER, L., "Facts, Evidence, and Legal Proof", en HENSON, R. D., (ed.), *Landmarks of Law. Highlights of Legal Opinión*, Boston, 1960, pp. 422-441.

§ 31. Conclusiones finales

La conclusión que puede sacarse de esta investigación puede ir, quizá, más allá de una simple consideración comparativa referida a determinados ordenamientos o familias de ordenamientos jurídicos, y puede afectar al tema mismo de los cometidos, de las posibilidades y de los métodos de trabajo de una moderna investigación de Derecho Comparado. La extraordinaria analogía de problemas y de movimientos legislativos, que en el curso de los dos últimos siglos se ha verificado en el campo del Derecho Procesal en los varios países de la Europa continental y en los de *common law* es en verdad la consecuencia, de un lado, de la analogía de las profundas transformaciones y de las renovadas exigencias económicas y sociales del mundo moderno, y de otro lado de un análogo movimiento del pensamiento que, abandonados finalmente los cánones escolásticos de la lógica apriorística y formal, ha introducido las normas de la investigación experimental e inductiva también en los varios sistemas procesales y probatorios. En el mundo de hoy, todo movimiento válido de pensamiento, toda concepción que afectivamente refleja las renovadas exigencias sociales, tiende, todavía más de lo que pudiera ocurrir en otros tiempos, a echar por tierra los límites de los singulares países o naciones y a asumir un alcance tendencialmente universal. En suma, hay una profunda e irresistible tendencia hacia la unidad, y esta tendencia se refleja necesariamente también en el mundo del derecho y de sus sustitutos. Hemos visto esta tendencia en el estudio de varios principios fundamentales de la técnica del proceso y la hemos encontrado de nuevo en el estudio del sistema de las pruebas. Los cometidos de toda investigación comparativa vienen a ser, por tanto, cada vez más amplios, se hace necesario el esfuerzo de abarcar panoramas históricos y legislativos siempre más extensos, de encontrar en mundos cada vez más abiertos, elementos de analogía y de unidad.

Incluso en los desenvolvimientos recientes del procedimiento de algunos países de Europa oriental, junto a algunas profundas diferenciaciones, que no hemos dejado de subrayar, de los desenvolvimientos del procedimiento en los países de la Europa occidental y en los países de *Common Law*, pueden encontrarse también importantes elementos de semejanza. Un movimiento de "publicización" y, como ha sido también definido por muchos juristas, de "socialización" o "democratización" del Proceso Civil, se ha verificado, en efecto, también en varios países del mundo occidental.

Y común, tanto a los países comunistas como a los occidentales, ha sido el movimiento dirigido a realizar los principios de la oralidad, de la inmediación, de la libre valoración de las pruebas.

Parecen en suma ampliamente aceptables las consideraciones de un comparatista americano, Rudolf B. SCHLESINGER, conocido también en Italia por sus importantes estudios sobre el "núcleo común" de los varios sistemas jurídicos: "que las diferencias entre los varios sistemas jurídicos [...] se refieren en gran parte a elementos de detalle; que detrás y más allá de estos aspectos de detalle, hay elementos comunes y puntos de contacto; que tales elementos pueden ser identificados; y que debería ser posible formular estos elementos en términos normativos, sin incurrir en meras enunciaciones genéricas"[3].

Se podría añadir también que, en un mundo en el cual *bon gré mal gré,* la pacífica coexistencia de los pueblos se hace cada vez más necesaria, precisamente la búsqueda de aquellos elementos comunes y de semejanza debería constituir la premisa teórica y la guía práctica más seguras en todo racional movimiento de reforma de los Códigos y de las leyes procesales.

Bibliografía

ABEL, P. / BRESCH, M., "Grundsätze des österreichischen und englischen Zivilprozesses in vergleichender Darstellung", en *Festschrift zur Fünfzigjahrfeier der österreichischen Zivilprozessordnung,* 1898-1948, Wien, 1948, pp. 68, 82.

ALCALÁ-ZAMORA Y CASTILLO, N., *Proceso, Autocomposición y Autodefensa,* México, 1947, pp. 13, 81.

ALTAVILLA, E., *Psicologia giudiziaria*[4], I, Torino, 1955, p. 93.

ANDRIOLI, V., "Juges chargés des mises en état, et coetera", en *Riv. dir. proc.,* 1966, p. 5.

ARCHER, P., *The Queen's Court,* London, 1956, p. 87.

BEST, W. M., *The Principles of the Law of Evidence,* 12th ed. by S.L. Phipson, London, 1922, p. 117.

BIONDI, B., "Intorno alla romanità del processo civile moderno", en *Bullettino dell'Istituto di Diritto Romano,* 1934, p. 49.

---

3 SCHLESINGER, Rudolf B., "The Common Core of Legal Systems: An Emerging Subject of Comparative Study", en *XXth Century Comparative and Conflicts Law, Legal Essays in Honor of Hessel E. Intema,* Leyden, 1961, p. 65 (traducción italiana en, *Riv. dir. civ.,* 1963, p. 65).

BLANC, E., *La nouvelle procédure civile après la réforme judiciare,* Paris, 1959, p. 5.

BLOMEYER, A., *Zivilprozessrecht,* Berlin-Göttingen-Heidelberg, 1963, p. 23.

BODIN, H. S., "Marshalling the Evidence", en *Selected Writings on the Law of Evidence and Trial,* edited by W. T. Fryer, St. Paul, Minn., 1957, p. 70.

BONNIER, E., *Éléments de procédure civile,* Paris; 1853, pp. 103, 106, 108.

BRESCH, M. / ABEL, P., "Grundsätze des österreichischen und englischen Zivilprozesses in vergleichender Darstellung, en *Festschrift zur Fünfzigjahrfeier der österreichischen Zivilprozessordnung,* 1898-1948, Wien, 1948, pp. 68, 82.

BRULLIARD, G., "Le code de procédure civile de la Cité du Vatican", en *Actes du Congrès de Droit Canonique, Cinquentenaire de la Faculté de Droit Canonique,* París, 1949, p. 4.

CAENEGEM, R. C. VAN., "The Law of Evidence in the Twelfth Century: Intellectual Background and European Perspective", en *Proceedings of the Second International Congress of Medieval Canon Law,* Gent, 1966, p. 95.

CALAMANDREI, P., "Il processo come giuoco, en *Studi sul processo civile,* VI, Padova, 1957, p. 81.

- "La relatività del concetto d'azione, en *Studi sul processo civile,* V, Padova, 1947, p. 15.
- *Opere Giuridiche* (al cuidado de M. CAPPELLETTI), I, Napoli, 1965, 1966, p. 15.
- "Sul progetto preliminare Solmi", en *Studi sul processo civile,* IV, Padova, 1939, p. 81.

CAPPELLETTI, M., "Interrogatorio della parte e principi generali nel processo civile della Germania Orientale e dell'Unione Soviética", en *Riv. dir. proc.,* 1959, pp. 80, 127.

- *La testimonianza della parte nel sistema dell'oralità,* I, II, Milano, 1962, pp. 6, 46, 56, 62.
- MERRYMAN, J. H. / PERILLO, J. M., *The Italian Legal System. An Introduction,* Stanford, California, 1967, p. 50.

CARNACINI, T., "Tutela giurisdizionale e tecnica del processo, en *Studi in onore di Enrico Redenti,* II, Milano, 1951, p. 17.

CIESLAK, M. / GWIAZDOMORSKI, J., "La preuve judiciaire dans les pays socialistes a l'époque contemporaine", en *Recueils de la Société Jean Bodin,* XIX; *La preuve,* Bruxelles, 1963, p. 119.

COHN, F., "Zur Ideologie des Zivilprozessrechts", en *Erinnerungsgabe für Max Grünhut,* Marburg, 1965, p. 62.

- "Zur Wahrheitspflicht und Aufklärungspflicht der Parteien im deutschen und englischen Zivilprozessrecht", en *Festschrift für Fritz von Hippel,* Tübingen, 1967, pp. 62, 82, 86.

CONRAD, E. C., *Modern Trial Evidence,* St. Paul, Minn., 1956, p. 38.

CORNU, G., *Le droit français,* II: *Principes et tendences du droit français,* sous la direction de R. DAVID, Paris, 1960, p. 101.

COUTURE, E. J., *El deber de decir la verdad en juicio civil,* Montevideo, 1938, p. 81.

- "El juramento previo a la absolución de posiciones", en *Estudios de Derecho Procesal Civil,* II, Buenos Aires, 1949, p. 13.
- "La garanzia costituzionale del 'dovuto processo legale'", en *Riv. dir. proc.,* 1954, p. 37.
- "Las reglas de la sana crítica en la apreciación de la prueba testimonial", en *Estudios de Derecho Procesal Civil,* II, Buenos Aires, 1942, 1949, pp. 56, 93.

CROSS, R., *Evidence,* London, 1958, pp. 97, 111.

CUJACIUS, *Commento a las Decretales Gregorii,* IX, lib. II, tít. XX, *De testibus et attestationibus,* cap. XXVIII, p. 91.

CHIOVENDA, G., *Istituzioni di diritto processuale civile*[2], I, Napoli, 1935, 1936, pp. 29, 48.

- "Sulla 'eccezione'", en *Saggi di diritto processuale civile,* I, Roma, 1930, p. 29.
- "Sul rapporto tra le forme del procedimento e la funzione della prova (L'oralità e la prova)", en *Saggi di diritto processuale civile,* II, Roma, 1931, p. 56.

DAL MORO / LUCCHETTA, en *La Settimana della Cassazione,* 1960, p. 128.

DAVID, R. / HAZARD, H. N., *Le Droit soviétique,* t. II; *Les donées fondamentales du droit soviétique,* por R. DAVID, Paris, 1954, pp. 32, 59.

DAVID, R., *Les grands systèmes de droit contemporains (Droit compare),* Paris, 1966, pp. 4, 7.

DENTI, V., "L'evoluzzione del diritto delle prove nei processi civili contemporanei", en *Riv. dir. proc.,* 1965, p. 123.

DE VRIES, H. P., *The French Legal System,* New York, 1958, p. 101.

EHRENZWEIG, A. A., en la recensión a R. B. SCHLESINGER, R. B., en *The Yale Law Journal,* 69 (1959-60), p. 71.

ENGEL, F. / KLEIN, F., *Der Zivilprozess Oesterreichs,* Mannheim-Berlin-Leipzig, 1927, p. 73.

ENGELMANN, A., *A History of Continental Civil Procedure,* Boston, 1927, p. 4.

- *Der römische Civilprozess,* Breslau, 1891, p. 49.

ENGELMANN, A. y otros, *A History of Continental Civil Procedure,* translated and edited by R. W. MILLAR, Boston, 1927, p. 50.

GINSBURG, G., *Objective Truth and the Judicial Process in American Journal of Comparative Law,* 1961, p. 123.

GLASSON, E. / TISSIER, A., *Traité Théorique et Pratique d'Organisation Judiciare, de Compétence et de Procédure Civile*[3], 1925, 1926, pp. 23, 106.

GÓMEZ ORBANEJA, E. / HERCE QUEMADA, V., *Derecho Procesal Civil* [5], Madrid, 1962, p. 17.

GORLA, G., "Diritto comparato", en *Enc. del dir.,* XII, Milano, 1964, p. 7.

- "Procedimenti sommari nel diritto angloamericano", en *Riv. dir. proc.,* 1967, p. 61.

GORPHE, F., *L'appréciation des preuves en justice. Essai d'une méthode technique,* Paris, 1947, p. 100.

GREGORII IX, liber II, tit. XIX, de probationibus, cap. XI, p. 52.

GRESLEY, R. N., *A Treatise on the Law of Evidence in the Courts of Equity,* London, 1836, p. 88.

GUASP, J. *Derecho Procesal Civil,* Madrid, 1956, p. 13.

GULDENER, M., *Schweizerisches Zivilprozessrecht* [2], Zürich, 1958, p. 17.

GWIAZDOMORSKI, J. / CIESLAK, M., "La preuve judiciaire dans les pays socialistes a l'époque contemporaine", en *Recueils de la Société Jean Bodin,* XIX; *La preuve,* Bruxelles, 1963, pp. 119, 120, 123.

HAZARD J. N. / DAVID, R., *De Droit Soviétique,* t. I; *Les données fondamentales de droit soviétique,* por R. DAVID, Paris, 1954, pp. 32, 59.

HAZARD, J. N. / SHAPIRO, I., *The Soviet Legal System,* Dobbs Ferry, N. York, 1962, p. 123.

HERCE QUEMADA, V. / GÓMEZ ORBANEJA, E., *Derecho Procesal Civil*[5], Madrid, 1962, p. 17.

JACKSON, R. M., *The Machinery of Justice in England*[4], Cambridge, 1964, p. 87.

JAMES FLEMING, Jr., *Civil Procedure,* Boston-Toronto, 1965, p. 29.

JAUERNIG O. / LENT, F., *Zivilprozessrecht*[13], München u. Berlin, 1966, p. 28.

JOHNES, A. J., *Suggestions for a Reform of the Court of Chancery by a Union of the Jurisdictions of Equity and Law*, London, 1834, pp. 113, 114.

JOINER, CH. W., *Civil Justice and the Jury*, New Jersey, 1962, p. 87.

KAPLAN, B., "Civil Procedure: Reflections on the Comparison of Systems", en *Buffalo Law Review*, 1960, p. 48.

KEJZLAR, K., "L'éligibilité des juges - l'un des principes fondamentaux de la justice populaire", en *Bulletin de droit tchécoslovaque*, 1961, p. 121.

KLEJNMAN, A. F., *Grazhdanskij prozess europejskikh stran narodnoj demokratii*, Moskva, 1960, p. 119.

KLEIN, F. / ENGEL; F., *Der Zivilprozess Oesterreichs*, Mannheim-Berlin-Leipzig, 1927, p. 73.

KLEIN, F., *Zeit und Geistesströmungen im Prozesse*, 1901 reimpresión 1958 al cuidado de E. WOLF, Frankfurt a M., p. 73.

KOREVAAR, J. D., "La preuve en droit soviétique", en *Recueils de la Société Jean Bodin, La Preuve*, vol. XIX, *Periode contemporaine*, Bruxeles, 1936, p. 22.

LENT, F. / JAUERNIG, O., *Zivilprozessrecht* [13], München u. Berlin, 1966, p. 28.

LIEBMAN, E. T., "Fondamento del principio dispositivo, en *Riv. dir. proc.*, 1967, p. 39.

- "Iniziative probatorie del giudice e basi pregiuridiche della struttura del processo", en *Riv. dir. proc.*, 1967, p. 39.
- *Manuale di diritto processuale civile*, II, Milano, 1959, p. 13.

LOBIN, I., "Quelques réflexions sur le decret du 13 octobre 1965 relatif a la mise en état des causes", en *Recueil Dalloz Sirey*, 1966, p. 5.

LOEVINGER, L., "Facts, Evidence, and Legal Proof.", en R. D. HENSON (ed.), *Landmarks of Law, Highlights of Legal Opinion*, Boston, 1960, p. 137.

LUCCHETTA / DAL MORO, en *La Settimana della Cassazione*, 1960, p. 128.

MARSH, N. L., "Legal Aid and the Rule of Law: A Comparative Outline of the Problem", en *Journal of the International Commission of Jurists*, 1959-1960, p. 77.

MCCORMICK, CH. T., *Handbook of the Law of Evidence*, St. Paul, Minn., 1954, pp. 38, 78.

MENGER, A., *Il diritto civile e il proletariato* (traducción italiana de G. OBEROSLER), Torino, 1894, p. 47.

MERRYMAN, J. H. / PERILLO, J. M. / CAPPELLETTI, M., *The Italian Legal System. An Introduction,* Stanford, California, 1967, p. 50.

MILLAR, R. W., *Civil Procedure of the Trial Court in Historical Perspective,* New York, 1952, p. 97.

- "The Old Regime and the New in Civil Procedure", en *New York University Law Quarterly Review,* XIV, 1936-37, p. 37.

MOREL, R., *Traité élémentaire de procédure civile*[2], Paris, 1949, p. 44.

MORGAN, E. M., *Basic Problems of Evidence,* Philadelphia, Pa., 1961, p. 38.

NAGEL, H., *Auf dem Wege zu einem europäischen Prozessrecht.* [En vías a un Derecho Procesal europeo], Baden-Baden, 1963, p. 11.

NORMAND, J., *Le juge et le litige,* Paris, 1965, p. 23.

ODGERS, *Principes of Pleading and Practice in Civil Actions in the High Court of Justice,* 19th ed. by G. F. Harwood, London, 1966, p. 61.

OSBORN, P. G., *A concise Law Dictionary*[5], London, 1964, p. 96.

PERILLO, J. M. / CAPPELLETTI, M. / MERRYMAN, H. H., *The Italian Legal System. An Introduction,* Stanford, California, 1967, p. 50.

PETSCHEK, G. / STAGEL, F., *Der osterreichische Zivilprozess,* Wien, 1963, p. 17.

PFUHL, E., *Die sowjetische Zivilprozessordnung u. ihr Einfluss auf den sowjetzonalen Zivilprozess,* Berlin, 1955, p. 29.

PHIPSON, S. L., *On Evidence,* 10th. ed. by Michael V. Argyle, London, 1963, p. 78.

PLUCKNETT, TH. F. T. / POUND, R., *Reading on the History and System of the Common Law*[3], Rochester, 1927, pp. 102, 112.

POTHIER, R. J., *Oeuvres,* I, Bruxelles, 1829 (nueva edición al cuidado de M. DUPIN), p. 99.

- *Traité des Obligations,* Bruxelles, 1829, p. 99.

POUND, R. / PLUCKNETT, TH. F. T., *Readings on the History and System of the Common Law*[3], Rochester, 1927, pp. 102, 112.

REDENTI, E., "L'Umanità nel nuovo processo civile", en *Riv. dir. proc. civ.,* 1941, p. 81.

ROSENBERG, L., *Lehrbuch des deutschen Zivilprozessrechts*[9], München U. Berlin, 1961, p. 17.

SALVIOLI, G., "Storia della procedura civile e criminale", en el tratado de *Storia del diritto italiano,* dirigido por DEL GIUDICE, P., vol. III, Milano, 1927, p. 51.

SCHLESINGER, RUDOLF B., "The Common Core of Legal Systems: An Emerging Subject of Comparative Study", en *XXth century*

Comparative and Conflicts Law, Legal Essays in Honor of Hessel E. Intema, Leyden, 1961, trad. italiana en *Riv. dir. civ.,* 1963, p. 140.

- Véase EHRENZWEIG, A. A., 71.

SCHMIDT, R., "Die Lüge im Prozess", en *Deutsche Juristen-Zeitung,* 1909, p. 81.

- "Eine Replik zur Frage der Prozesslüge", en *Deutsche Juristen-Zeitung,* 1909, p. 81.

SENTÍS MELENDO, Santiago, *Revista de Derecho Procesal,* Argentina, p. 4.

SERENI, A. P., "L'assistenza giudiziaria internazionale in materia civile con speciale riferimento alle relazioni itali-statunitensi", en *Riv. trim. dir. e proc. civ.,* 1961, pp. 37, 59.

SHAPIRO, I. / HAZARD, J. N., *The Soviet Legal System,* Dobbs Ferry, New York, 1962, p. 123.

SHCHAKARJAN, M. S., en *Nauchno-prakticheskij Kommentarij* k GPK RSFSR, al cuidado de R. F. KALLISTRATOVA y V. K. PUCHINSKIJ, MOSKVA, 1965, p. 76.

SIEDLECKI, W., "Die Beweislast im polnischen Zivilprozess", *en Rechtswissenschaftlicher. Informationsdienst,* 1954, p. 20.

STAGEL, F. - PETSCHEK, G., *Der österreichische Zivilprozess,* Wien, 1963, p. 17.

STAJGR, F., "Les tribunaux et la procurature aux termes de la nouvelle Constitution", en *Bulletin de droit tchécoslovaque,* 1960, p. 120.

STOYANOVITCH, K., *Le régime de la propriété en U.R.S.S.,* Paris, 1962, p. 26.

TISSIER, A. / GLASSON, E., *Traité theorique et pratique d'organisation judiciaire, de compétence et de procédure civile,* I, Paris, 1925, 1926, pp. 23, 106.

TRUSOV, A. I., *Osnovy teoriti sudelnikh dokazatel'stv,* Moskva, 1960, p. 124.

VIZIOZ, H., *Etudes de procédure,* Bordeaux, 1956, p. 17.

VOLTAIRE, *Oeuvres complètes,* imprimerie de la Société littéraire-tipographique [sin lugar de edición], 1785, p. 100.

- *Prix de la justice et de l'humanité,* 100.

WACH, A., *Grundfragen und Reform del Zivilprozesses,* Berlin, 1914, p. 81.

- "Mündlichkeit und Schriftlichkeit", en *Vorträge über die Reichs-Civilprocessordnung,* Bonn, 1879, p. 56.

WALLIGURSKI, M., "Garantien für die Erforschung der Wahrheit im Zivilprozess", en *Rechtswissenschaftlicher Informationsdienst,* 1954, pp. 19, 21.

WETZELL, W., *System des ordentlichen Civilprozesses*[3], Leipzig, 1878, p. 80.

WIGMORE, J. H., *A Treatise on the Anglo-American System of Evidence in Trials at Common Law,* Boston, 1940, pp. 78, 89.

EL PROCESO CIVIL EN EL DERECHO COMPARADO de MAURO CAPPELLETTI
se imprimió en la República Argentina en enero de 2018

www.ingramcontent.com/pod-product-compliance
Lightning Source LLC
LaVergne TN
LVHW082240051026
849532LV00012B/4065
9789563920314